小学生《しょうがくせい》のまんが
言葉《ことば》のきまり辞典《じてん》

文法
品詞
表現

新装版《しんそうばん》

金田一秀穂●監修

Gakken

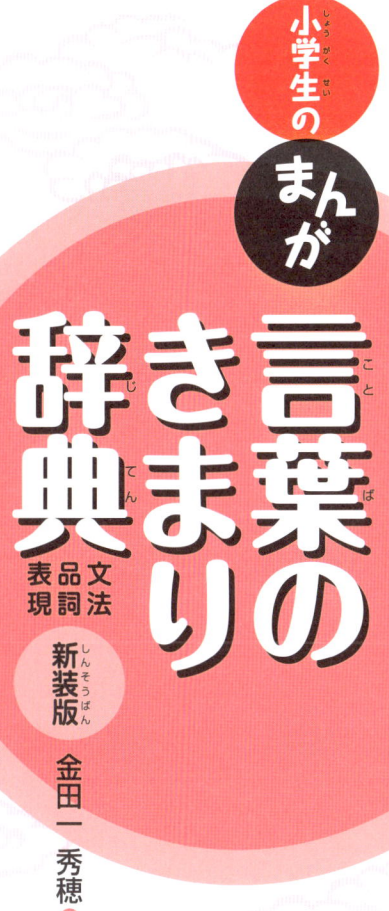

はじめに

わたしたちはいつも日本語《にほんご》を読《よ》んだり聞《き》いたりしています。わからない言葉《ことば》が出《で》てきて、困《こま》ることもありますが、そういうときは、辞書《じしょ》を調《しら》べたり、先生《せんせい》に聞《き》いたりして、わかるようになります。

読《よ》んだり、聞《き》いたりして、言葉《ことば》を「受《う》け入《い》れる」ときは、困《こま》るときがありますが、では、言葉《ことば》を「送《おく》り出《だ》す」ときはどうでしょう。自分《じぶん》から相手《あいて》に何《なに》かをしゃべったり、書《か》いたりするときです。

学校《がっこう》の授業《じゅぎょう》で、「この言葉《ことば》を使《つか》いなさい」と言《い》われて短文《たんぶん》を作《つく》ろうというときは困《こま》るかもしれませんが、友《とも》だちとおしゃべりするとき、家《いえ》の人《ひと》と話《はな》すとき、困《こま》ることはないはずです。何《なに》も考《かんが》えずに、ぺらぺらと日本語《にほんご》を作《つく》り出《だ》して、話《はな》しています。

でも、それは考《かんが》えてみると、とても難《むずか》しいことをしているのです。

学校《がっこう》で外国語《がいこくご》を習《なら》っても、なかなか上手《じょうず》に話《はな》せるようにはなりません。きちんとした先生《せんせい》に、きちんと学校《がっこう》で、何年《なんねん》も習《なら》った英語《えいご》なのに、皆《みな》さんのお父《とう》さんお母《かあ》さんのなかで、英語《えいご》をすらすらと話《はな》せる人《ひと》は、とても少《すく》ないはずです。でも、日本語《にほんご》を話《はな》すのに困《こま》ることはありません。いつの間《ま》にか、使《つか》えるようになっていて、だれに習《なら》ったわけでもないのに、たいていのことが言《い》い表《あらわ》せます。

でも、日本語《にほんご》も、他《た》の外国語《がいこくご》のように、言葉《ことば》の作《つく》り方《かた》の決《き》まりがあります。とてもいい加減《かげん》に考《かんが》えなしにしゃべっているような日本語《にほんご》にも、きちんとした決《き》まりがあって、それに従《したが》って、わたしたちは日本語《にほんご》を使《つか》っています。

わたしたちがいつの間《ま》にかできるようになっている日本語《にほんご》のルールというのは、どんなふうになっているのでしょうか。

ふだん、考《かんが》えることもなくできてしまうことが、実《じつ》はとても複雑《ふくざつ》で、でも、とても美《うつく》しいたくさんの規則《きそく》に基《もと》づいているのだということがわかってもらえればうれしいです。そうして、自分《じぶん》でも新《あたら》しい規則《きそく》が見《み》つけられるかもしれません。

ぜひ、考《かんが》えてみてください。

金田一秀穂《きんだいちひでほ》

◆もくじ◆

ゲンゴ

明《あか》るくて活発《かっぱつ》な男《おとこ》の子《こ》。勉強《べんきょう》は大《だい》の苦手《にがて》だが、食《た》べることならだれにも負《ま》けない。

ことは

しっかりものでやさしい女《おんな》の子《こ》。おしゃれには特《とく》に気《き》をつかっている。

おじさん

ゲンゴのおじさん。本名《ほんみょう》、文字文五郎《もじぶんごろう》。大学《だいがく》の先生《せんせい》で日本語《にほんご》の教授《きょうじゅ》をしている。言葉《ことば》のきまりについてわかりやすく教《おし》えてくれる。ブンボを作《つく》ったりと、とても器用《きよう》。

ブンボ

おじさんが作《つく》ったロボット。日本語《にほんご》がプログラミングされているので、助手《じょしゅ》として勉強《べんきょう》のアドバイスをしてくれる。料理《りょうり》も得意《とくい》。

おうちの方へ

1　「言葉のきまり」と「文法」

この本で取り上げているのは、日本語を使いこなすためのルール、いわゆる文法事項です。ただし、本のタイトルには「文法」という言葉は使っておりません。それは、小学校では、「文法」という言葉がまだ使われていないからです。

小学校では、子供たちにさまざまな言葉の世界を提示し、そこでつちかった言葉の力をもとにして、日本語のルールを系統的に構成した中学校からの「文法」の学習へ導いていくのです。そのために、小学校で学習する文法事項に関しては、「言葉のきまり」という言い方がよく使われます。この本は、そうした学習事項をピックアップし、中学校の「文法」学習へのパイプの役目を果たすことをねらいにしています。

2　この本の章立て

1章　文の組み立てを知ろう

文は、いくつかの言葉を組み合わせることによって成り立っています。そのことを理解させるために、小学校の教科書には出てこない「文節」という言葉を使っています。ただし、まんがのストーリーを通して、わかりやすく説明していますから、抵抗感はないはずです。品詞名など、小学校で用いない表現については、そのつど同じような工夫をして示しています。この章で、「言葉のきまり（文法）」の基礎となる力をしっかり身につけさせましょう。

2章　文を作ろう

この章でくり返し述べていますが、言葉のきまりは、規則を覚えることが最終目的ではありません。規則をきちんと身につけることによって、意味の明確な文を作れるようになることに意義があるのです。ここでは、いろいろな例文を取り上げ、言葉のきまりの知識を活用することによって、自分の伝えたいことを相手にはっきりと伝えることができる、ということを実感させるようになっています。

3章　推敲しよう

この章では、正確な内容、豊かな表現の文を作るためのいろいろな知恵を取り上げています。パネル式や、表組みなどを使って、視覚的にも子供の興味を引くようにしてあります。弱点征服にも大いに役立つはずです。

基礎（1章）→実践（2章）→応用（3章）という流れに沿って、楽しみながら学習を進めさせてください。

1章《しょう》

文《ぶん》の組《く》み立《た》てを知《し》ろう

①「文《ぶん》」ってなに？ー言葉《ことば》の単位《たんい》

おはよう、ゲンゴくん。どうしたの？朝《あさ》からうかない顔《かお》ね。

ガ～～。。

おじさんったら、また朝《あさ》ねぼうだよ…。それに、暗号《あんごう》めいたこのメモ……。

暗号《あんごう》っていうより、句点《くてん》（。）が落《お》ちてるだけよ。わたしがつけてみるわ。

もう!! どうしてはじめから「。」つけないんだろう…。

ぼくは夜型人間《よるがたにんげん》なので朝《あさ》は弱《よわ》いだから十時過《じゅうじす》ぎまで起《お》こさないようにそれから朝食《ちょうしょく》にはミルクを忘《わす》れずにつけてほしい
ぼくは夜型人間《よるがたにんげん》なので朝《あさ》は弱《よわ》い。だから十時過《じゅうじす》ぎまで起《お》こさないように。それから朝食《ちょうしょく》にはミルクを忘《わす》れずにつけてほしい。

ほら、これで読《よ》みやすくなったでしょ。

あっ。もう十時半《じゅうじはん》だよー。

ふあ〜っ！

やあ二人《ふたり》とも早起《はやお》きだねえ。

おはようございます。

おじさん、もう十時半《じゅうじはん》過《す》ぎてますよー！

おっ、ミルク！ぼくのメモを見《み》てくれたんだね。

ことはちゃんに「。」をつけてもらったからわかったんだよ。

まぁ、まぁ、そうプンプンしないで。このメモは、今日《きょう》のレッスン用《よう》にと思《おも》って書《か》いといたんだ。

レッスン用《よう》？

きみたちに言葉《ことば》のきまりのレッスンをするにあたって、まず、〝文《ぶん》〟ってなにかということをしっかり覚《おぼ》えてほしいんだ。

文《ぶん》
ぼく、それも知《し》らない…。

わたしが知《し》っているのは、「文《ぶん》の終《お》わりには句点《くてん》(。)がつく」ということだけね。

ことはちゃんの言《い》うとおり、一《ひと》つの文《ぶん》の終《お》わりには「。」をつけるのがきまりだよ。

ぼくは夜型人間《よるがたにんげん》なので朝《あさ》は弱《よわ》い。だから十時過《じゅうじす》ぎまで起《お》こさないように。それから朝食《ちょうしょく》にはミルクを忘《わす》れずにつけてほしい。

ということは、さっきのおじさんのメモは、「。」が三《みっ》つついているから、三《みっ》つの文《ぶん》からできているってこと?

ゲンゴくん、いいところに目《め》がいったね。さて、ここでことはちゃんに質問《しつもん》だ。

ハイ。答《こた》えられるかなー。

ことはちゃんは、ぼくのメモに句点《くてん》(。)をつけるとき、どんな基準《きじゅん》でつけたのかな?
切《き》れめがなくて読《よ》みにくいので、意味《いみ》のまとまりごとにつけたんだけど…。
ソ、ソウナンダ…
すごいよ!ことはちゃん。知《し》らず知《し》らずに、“文《ぶん》”がどんなものか身《み》についているようだね。

なんだか照《て》れちゃうわ!

さすがことはちゃん!

ぼくは夜型人間《よるがたにんげん》なので朝《あさ》は弱《よわ》いだから十時《じゅうじ》過《す》ぎまで起《お》こさないようにそれから朝食《ちょうしょく》にはミルクを忘《わす》れずにつけてほしい
ぼくは夜型人間《よるがたにんげん》なので朝《あさ》は弱《よわ》い。だから十時《じゅうじ》過《す》ぎまで起《お》こさないように。それから朝食《ちょうしょく》にはミルクを忘《わす》れずにつけてほしい。

では、この二《ふた》つのメモを声《こえ》に出《だ》して読《よ》んでごらん!

下《した》のほうには「。」がついているから、区切《くぎ》れがはっきりして読《よ》みやすいよ。
①夜型《よるがた》なので朝《あさ》は弱《よわ》いこと。
②十《じゅう》時《じ》過《す》ぎまで起《お》こさないこと。
③朝食《ちょうしょく》にはミルクをつけてほしいこと。
〝文《ぶん》〟で区切《くぎ》ることで、おじさんがこのメモで伝《つた》えようとしたことがはっきりするわ。

文《ぶん》

↓

話《はな》し手《て》や書《か》き手《て》が伝《つた》えようとする**ひとまとまりの内容《ないよう》を表《あらわ》す言葉《ことば》。**

このことを、二人《ふたり》ともしっかり頭《あたま》に入《い》れてほしいね。
〝文《ぶん》〟ってわかりやすいね。すいすい作《つく》れそうだよ。
ゲンゴくん、すぐに調子《ちょうし》にのるんだからー。わたしは赤字《あかじ》の部分《ぶぶん》が気《き》になるな〜。

えー?
何《なに》これ?
でもどっかで
見《み》たような…。
三《みっ》つとも
おじさんの
メモの言葉《ことば》よ。
文《ぶん》になってない
けどね。
①ぼくは朝《あさ》は夜型人間《よるがたにんげん》弱《よわ》いなので。
②起《お》こさないだから十時《じゅうじ》過《す》ぎまで
ように。
③朝食《ちょうしょく》にはほしいそれからミルクを
つけて忘《わす》れずに。
二人《ふたり》とも
"へん"だという
ことに気《き》づいた
ようだね。
たしかにその
三《みっ》つはどれも
文《ぶん》ではない。
でも、どれにも
「。」がついて
いるよ。
ことはちゃんは、
これが気《き》に
なるって
言《い》ってたよね。
はい。どうして
ここを赤《あか》く
目立《めだ》たせている
のか気《き》になって。
ひとまとまりの内容《ないよう》を表《あらわ》す言葉《ことば》。

言葉《ことば》が並《なら》んでいて「。」がつくものが、どれでも〝文《ぶん》〟だとはかぎらない。
ひとまとまりの内容《ないよう》を表《あらわ》す言葉《ことば》。
この条件《じょうけん》に合《あ》わなければダメなんですね。
だから注意《ちゅうい》させるために赤《あか》くしてあったんだあ。
さっきの①〜③は、どれも「ひとまとまりの内容《ないよう》」じゃないわ。
伝《つた》えたいことが相手《あいて》に通《つう》じないような言葉《ことば》の並《なら》べ方《かた》では、〝文《ぶん》〟とはいえないよ。
このことをしっかり頭《あたま》に入《い》れておくこと。
言葉《ことば》の並《なら》べ方《かた》が正《ただ》しければ、いくら短《みじか》くてもりっぱな〝文《ぶん》〟だよ。
・きみはことはちゃん。
・きみはゲンゴくん。
・二人《ふたり》は仲《なか》よし。
ハーイ!! しっかり頭《あたま》に入《い》れておきま〜す。

わあ、金魚《きんぎょ》!
かわいい〜!
きみたち ア〜ウを 「/」のところで 区切《くぎ》って 読《よ》んでごらん。
水《すい》そうの金魚《きんぎょ》に毎日《まいにち》えさをやる。
ア水《すい》そう/の金魚《きんぎょ》/に毎日《まいにち》えさ/をやる。
イ水《すい》そうの/金魚《きんぎょ》に毎《まい》/日《にち》えさを/やる。
ウ水《すい》そうの/金魚《きんぎょ》に/毎日《まいにち》/えさを/やる。
アスイソウ/ノキンギョ/ニマイニチエサ/ヲヤル
さっぱりわからないわ。
イも、やっぱり意味《いみ》が取《と》りにくいわ。
ウは、バッチリ意味《いみ》が取《と》れるよ。
では、ウにもう一度《いちど》注目《ちゅうもく》してごらん。

五《いつ》つの部分《ぶぶん》に分《わ》かれているね。

どの部分《ぶぶん》も、言葉《ことば》として意味《いみ》が通《つう》じるわ。

水《すい》そうの／金魚《きんぎょ》に／毎日《まいにち》／えさを／やる。

はね、の文《ぶん》の中《なか》で使《つか》われている言葉《ことば》を、意味《いみ》がわからなくならないように、でも、できるだけ短《みじか》く区切《くぎ》ったまとまりだよ。

上《うえ》ののようなまとまりのことを「文節《ぶんせつ》」というよ。

文節《ぶんせつ》
じゃあ、の文《ぶん》は、五《いつ》つの文節《ぶんせつ》からできているってことだよね。おじさん！

文節《ぶんせつ》
きまった！

パチパチ

めずらしくゲンゴくんがきめたようだが、文節《ぶんせつ》の区切《くぎ》り方《かた》がわかるかな?

?

水《すい》そうのネ 金魚《きんぎょ》にサ 毎日《まいにち》ネ えさをネ やるヨ。

わかった!! ネサヨなどをはさんでみればいいのね。

さすがことはちゃん。「ネ・サ・ヨ」などが自然《しぜん》に入《はい》れば、たしかにそこが文節《ぶんせつ》の区切《くぎ》りだよ。

「水《すい》そうのネ、金魚《きんぎょ》にネ、毎日《まいにち》ネ、えさをネ、やるネ。」

あれ、「ネ」だけでもいいよ。

「ネ・サ・ヨ」を入《い》れて読《よ》むと、話《はな》しているような調子《ちょうし》で楽《たの》しいわ。

どれか一《ひと》つでも、三《みっ》つをまぜても、自分《じぶん》の読《よ》みやすいやり方《かた》でいいんだ。

では、ここでクエスチョン!! 次《つぎ》の文《ぶん》を文節《ぶんせつ》に分《わ》けると、どうなるかな?
・父《ちち》はいたずらをした弟《おとうと》をかみなりのような大声《おおごえ》でどなった。
かんたんだよ。「ネ・サ・ヨ」でスイスイさ。
あら、そうかしら。

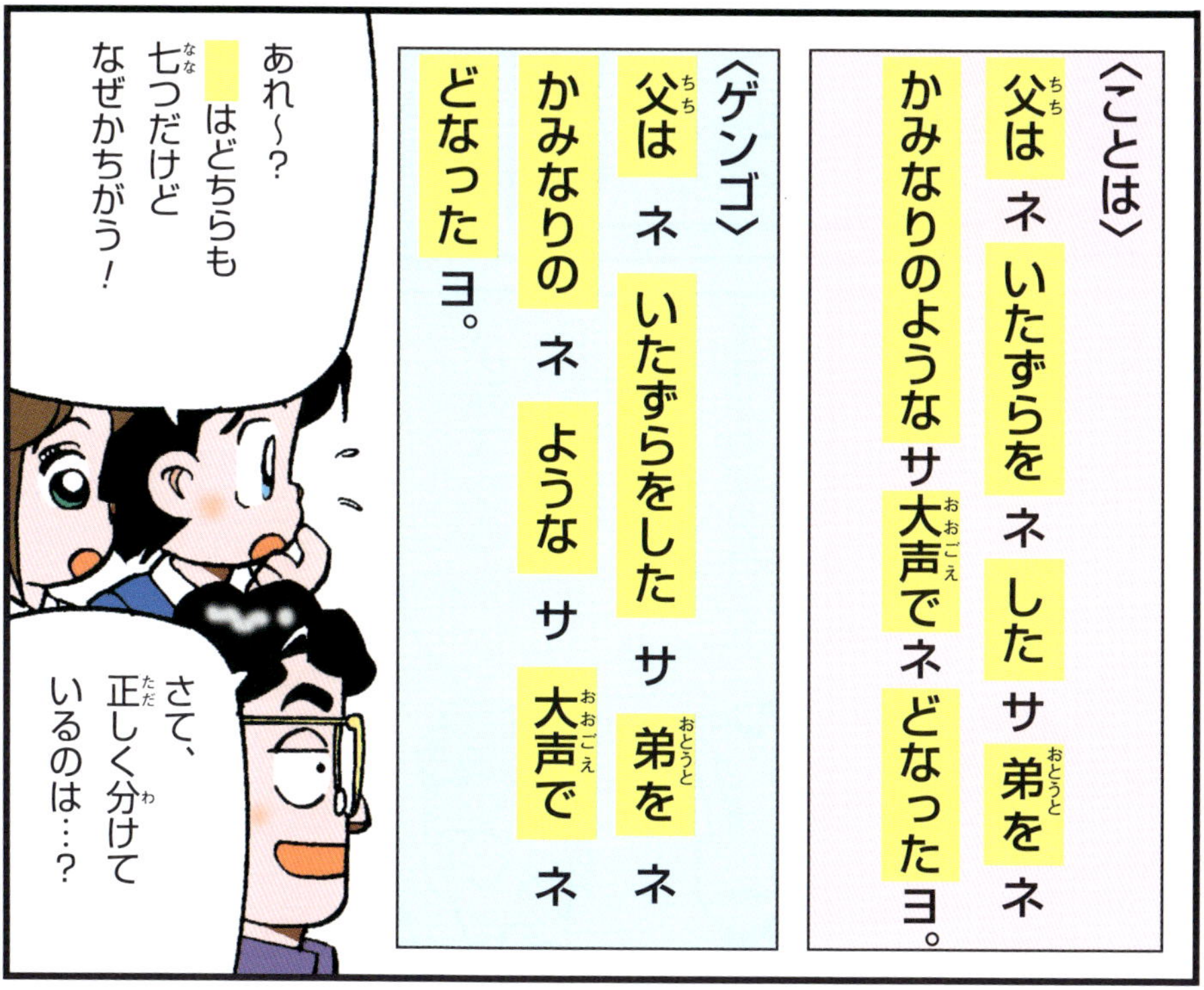
〈ことは〉
父《ちち》は ネ いたずらを ネ した サ 弟《おとうと》を ネ
かみなりのような サ 大声《おおごえ》で ネ どなった ヨ。
〈ゲンゴ〉
父《ちち》は ネ いたずらをした サ 弟《おとうと》を ネ
かみなりの ネ ような サ 大声《おおごえ》で ネ
どなった ヨ。
あれ〜? はどちらも七《なな》つだけどなぜかちがう!
さて、正《ただ》しく分《わ》けているのは…?

ことはちゃ〜ん!
カン、カーーン!
イーッ、なんでェ〜!?
これは長《なが》すぎるよ!!
いたずらをした
・いたずらを ネ した サ
・いたずらを サ した ネ
・いたずらを ヨ した ネ
「ネ・サ・ヨ」のどれを使《つか》っても二《ふた》つに分《わ》けられるわ。
逆《ぎゃく》に、これは短《みじか》すぎ!!
かみなりの ような
かみなりの ネサヨ は いいけど、ような ネサヨ だと 意味《いみ》がわからないわ。
ごもっとも。ボクの負《ま》けです…。

ぼくはネ　レッスンのネ　じゃまにネ　なるのではネ　ないかとネ　心配《しんぱい》ですヨ。

なんの、なんの。心配《しんぱい》ご無用《むよう》。今《いま》もちゃんと文節《ぶんせつ》に区切《くぎ》って話《はな》してるじゃないか。

あれ、ホントだ。

ゲンゴくん、大《だい》じょうぶよ。わたし一人《ひとり》でレッスンを受《う》けてもつまらないわ。

そうだ！きみたち二人《ふたり》の言葉《ことば》のきまりの力《ちから》をのばすのがぼくの使命《しめい》だ!!

文節《ぶんせつ》の区切《くぎ》り方《かた》が身《み》につけば、自分《じぶん》が伝《つた》えようとすることを〝文《ぶん》〟にするのも楽《らく》にできるよ。

「ネ・サ・ヨ」をはさみこみながら、ぼく、さっそくノートに文《ぶん》を作《つく》ってみるよ!!

ところでおじさん。文節《ぶんせつ》って、これ以上《いじょう》は小《ちい》さく分《わ》けられないの?
いや。意味《いみ》のまとまりとしては分《わ》けられないけど、「言葉《ことば》の単位《たんい》」としては分《わ》けられるよ。
二人《ふたり》ともこれを見《み》てごらん!
① 庭《にわ》に ばらの 花《はな》が さく。
② 庭《にわ》 に ばら の 花《はな》 が さく。
①は文節《ぶんせつ》に分《わ》けたものだよね。
②では庭《にわ》に、ばらのと花《はな》がが二《ふた》つに分《わ》かれているわ。
②の一《ひと》つ一《ひと》つの　を「単語《たんご》」というよ。
単語《たんご》
「単語《たんご》」はこれ以上《いじょう》は短《みじか》くできない言葉《ことば》の単位《たんい》なんだ。

文《ぶん》

庭《にわ》にばらの花《はな》がさく。

文節《ぶんせつ》

庭《にわ》に　ばらの　花《はな》が　さく。

単語《たんご》

庭《にわ》　に　ばら　の　花《はな》　が　さく。

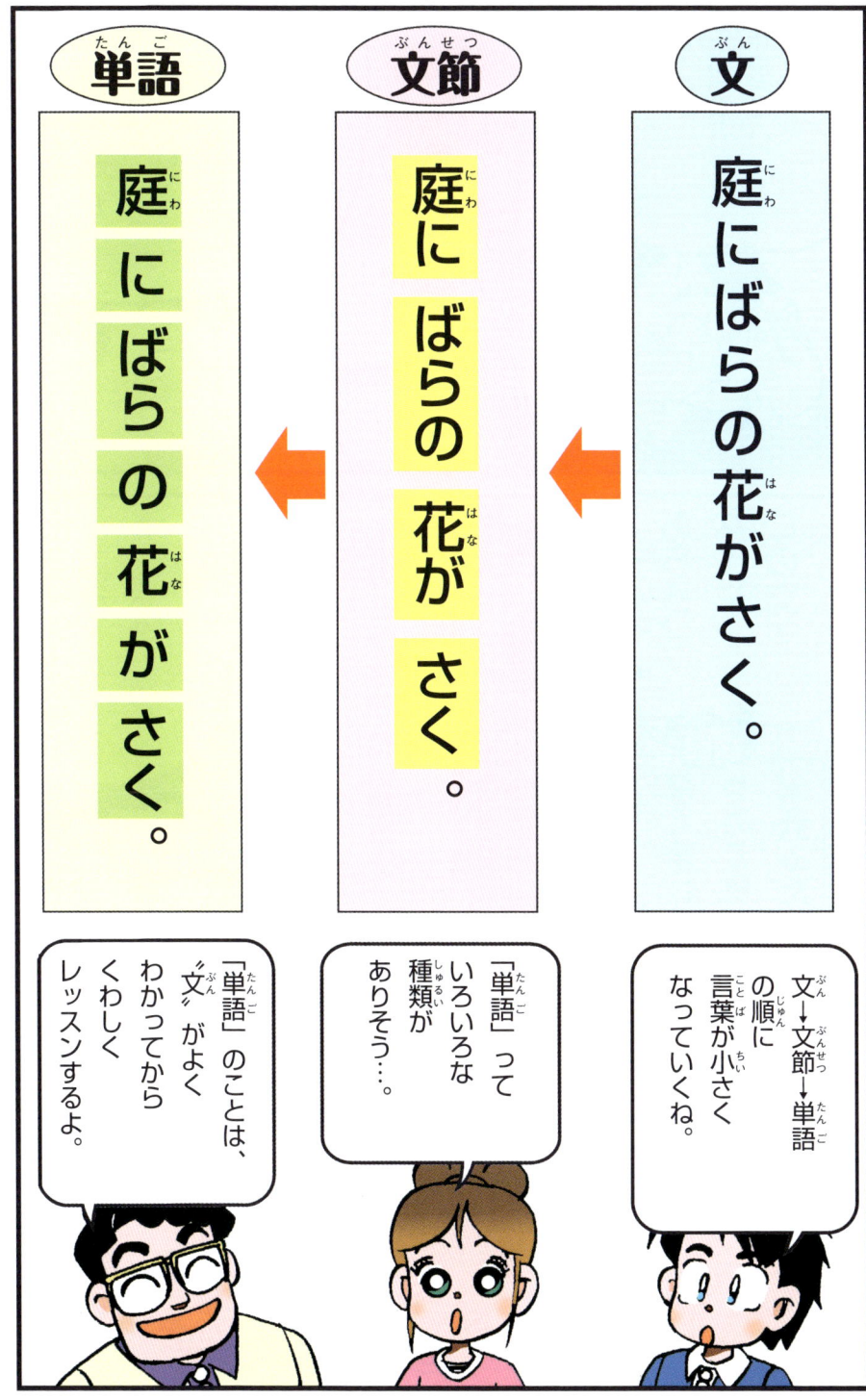

ゲンゴくんは「ネ・サ・ヨ」が気《き》に入《い》ったみたいだから、文作《ぶんづく》りの練習《れんしゅう》に大《おお》いに役立《やくだ》ててほしいね。
「ネ・サ・ヨ」を使《つか》って遊《あそ》ぶつもりで作《つく》っちゃいますよ!!

えっ、ゲンゴくんもう文《ぶん》を作《つく》ったの?
①ぼくはネとてもネのどがネかわいたヨ。
あらら、な～にこの文《ぶん》!
②早《はや》くネレッスンをネやめてサジュースをネ飲《の》みたいヨ。
③でもネお金《かね》がネなかったネことにネ気《き》がネついたヨ。

②文《ぶん》の中《なか》での言葉《ことば》の働《はたら》き

おじさん、入《はい》るよー！
ふーむ、うまく組《く》み立《た》てられたぞ。
やあ、きみたちかァ。
ぼくたち“ネサヨ遊《あそ》び”にハマっちゃっていっぱい文《ぶん》を作《つく》ってきたよ。
おじさんもいっしょに遊《あそ》びましょうよ！

そんなにたくさんの文《ぶん》を作《つく》ったのなら、今日《きょう》はその文《ぶん》を使《つか》って新《あたら》しいレッスンをしよう!!
レッスン!!
夕食《ゆうしょく》のおかずは、ハンバーグだ。ゲンゴ
兄《あに》が、コンビニで肉《にく》まんを買《か》う。ゲンゴ
ゲンゴくんの文《ぶん》は食《た》べ物《もの》のことばかりだね～…。
それに比《くら》べてことはちゃんの文《ぶん》は、美《うつく》しい文《ぶん》だね。
高原《こうげん》の朝《あさ》は、とてもさわやかだ。ことは

主《しゅ》語《ご》・述《じゅつ》語《ご》
ところで、きみたちは・主語《しゅご》・述語《じゅつご》という言葉《ことば》を知《し》ってるかな?
ハーイ。文《ぶん》を組《く》み立《た》てている言葉《ことば》で〜す!
なんで知《し》ってるのォ?
教科書《きょうかしょ》にも出《で》てきたじゃない。
国語《こくご》
ぼく〝教科書《きょうかしょ》〟とあまり仲《なか》よしじゃないから…。
ではきみたちが作《つく》ってくれた文《ぶん》を使《つか》って見《み》ていこう!
光栄《こうえい》で〜す。
おはずかしいかぎりです…。

〈だれが〉兄《あに》が、コンビニで肉《にく》まんを買《か》う。〈どうする〉

高原《こうげん》の朝《あさ》は、〈何《なに》は〉とてもさわやかだ。〈どんなだ〉

夕食《ゆうしょく》のおかずは、〈何《なに》は〉ハンバーグだ。〈何《なん》だ〉

きみは だ～れ？

しょうかいしよう。ぼくの助手《じょしゅ》のロボットで〝ブンボ〟だ。

ことはちゃん、ブンボです。よろしく。

おい、ぼくも忘《わす》れるな！

主語《しゅご》と述語《じゅつご》は、〝文《ぶん》の骨組《ほねぐ》み〟ともいえる大切《たいせつ》な言葉《ことば》だ。この二《ふた》つがそろっていれば、何《なに》を言《い》おうとしている文《ぶん》か、だれにでもわかるよ。
・兄《あに》が、→買《か》う。
・朝《あさ》は、→さわやかだ。
・おかずは、→ハンバーグだ。
木《き》でいえば、全体《ぜんたい》を支《ささ》えている〝幹《みき》〟のようなものです。

ぼく、主語《しゅご》・述語《じゅつご》なんてぜんぜん意識《いしき》しないでこの文《ぶん》を作《つく》ったんだけど…。
わたしだってそうよ。
文《ぶん》はね、何《なに》かを伝《つた》えるためのものだろう。
二人《ふたり》とも何《なに》を伝《つた》えようかしっかり考《かんが》えて作《つく》ったから、
自然《しぜん》に、文《ぶん》の骨組《ほねぐ》みができたのさ。
では、文《ぶん》の中《なか》での主語《しゅご》と述語《じゅつご》の働《はたら》きをまとめてみるよ。
ブンボ、用意《ようい》はいいかい?
OK《オーケー》!!

文《ぶん》の基本的《きほんてき》な型《かた》

主語《しゅご》 ― 述語《じゅつご》

1 何《なに》(だれ)が 何《なに》(だれ)は ― どうする

例文《れいぶん》
・小鳥《ことり》が 鳴《な》く。
・女《おんな》の子《こ》が 転《ころ》ぶ。
・弟《おとうと》は 休《やす》む。
・大村《おおむら》さんは 参加《さんか》する。

2 何《なに》(だれ)が 何《なに》(だれ)は ― どんなだ

・教室《きょうしつ》が にぎやかだ。
・荷物《にもつ》が 重《おも》い。
・門構《もんがま》えは 立派《りっぱ》だ。
・赤《あか》ちゃんは かわいい。

3 何《なに》(だれ)が 何《なに》(だれ)は ― 何《なん》だ

・これが 案内書《あんないしょ》だ。
・川田《かわだ》さんが 委員長《いいんちょう》だ。
・くじらは ほにゅう類《るい》だ。
・父《ちち》は 公務員《こうむいん》だ。

4 何《なに》(だれ)が 何《なに》(だれ)は ― ある いる ない

・かばんが ある。
・父《ちち》は いる。
・さいふが ない。

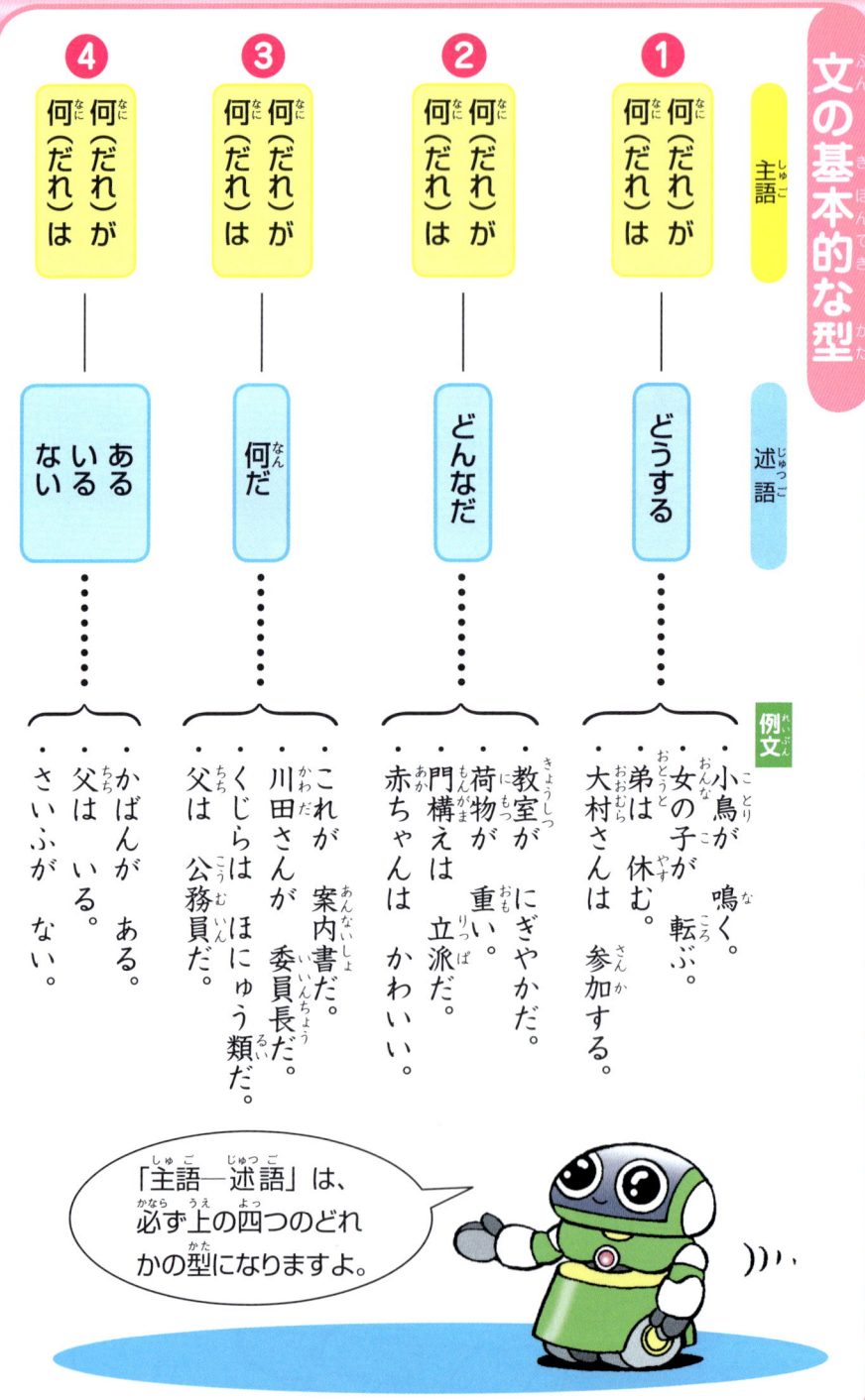

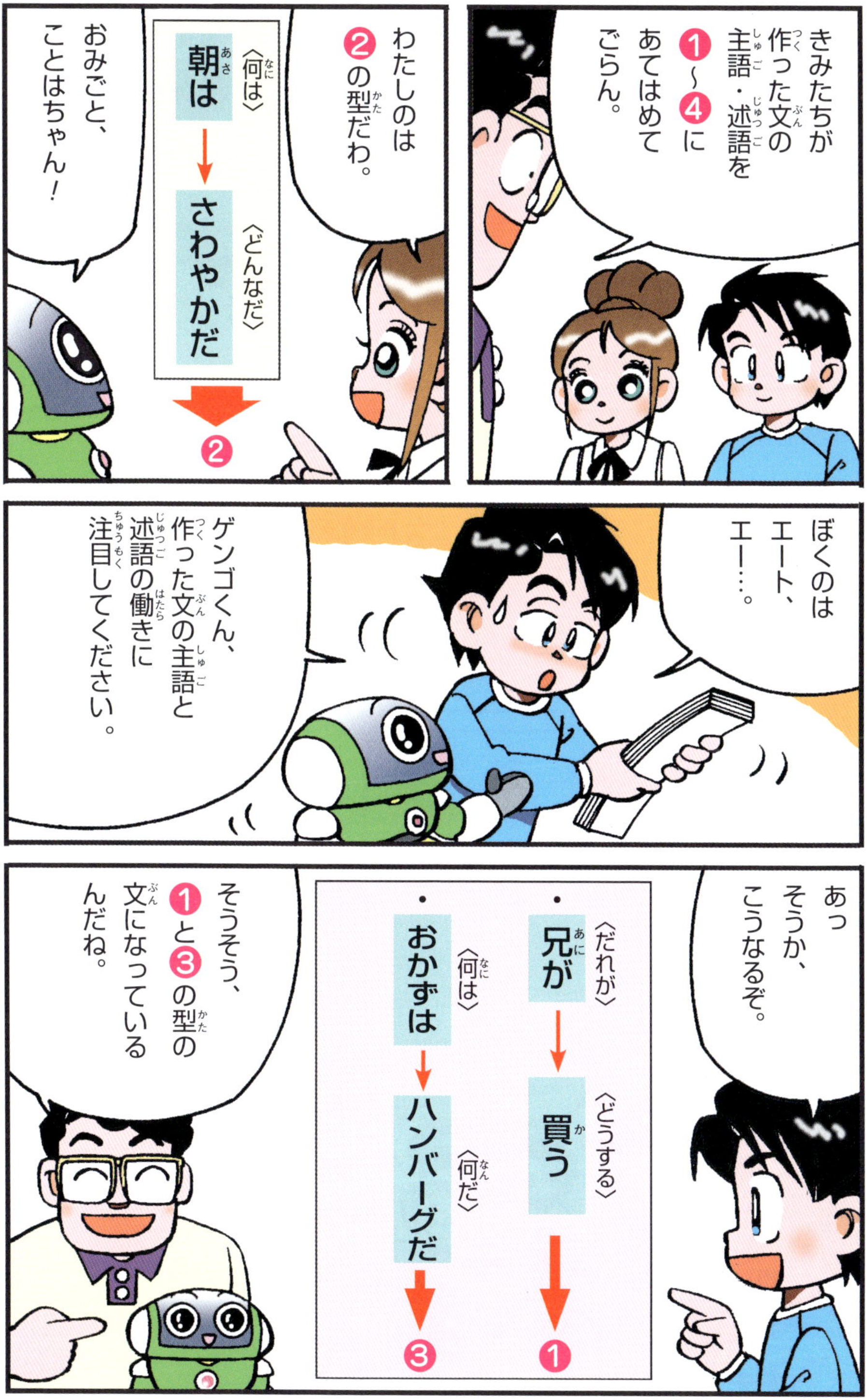
きみたちが作《つく》った文《ぶん》の主語《しゅご》・述語《じゅつご》を①〜④にあてはめてごらん。
わたしのは②の型《かた》だわ。
〈何《なに》は〉朝《あさ》は
〈どんなだ〉さわやかだ
②
おみごと、ことはちゃん！
ぼくのはエート、エー…。
ゲンゴくん、作《つく》った文《ぶん》の主語《しゅご》と述語《じゅつご》の働《はたら》きに注目《ちゅうもく》してください。
あっそうか、こうなるぞ。
・〈だれが〉兄《あに》が
〈どうする〉買《か》う
①
・〈何《なに》は〉おかずは
〈何《なん》だ〉ハンバーグだ
③
そうそう、①と③の型《かた》の文《ぶん》になっているんだね。

ところで
おじさん、
主語《しゅご》の形《かたち》って
いつも
「…が」
「…は」
なの？
うーん、
いい質問《しつもん》
だね。
ハイ、
ぼくの
出番《でばん》です。

・明日《あす》も　雨《あめ》だ。
・あれこそ　富士山《ふじさん》だ。
・子《こ》どもさえ　知《し》らない。
主語《しゅご》には、
　のような
言葉《ことば》がつく
こともあります。
　のところを
「…が（は）」に変《か》えても、
文《ぶん》の意味《いみ》は変《か》わらないよ。
「明日《あす》は　雨《あめ》だ。」
ホントだー！

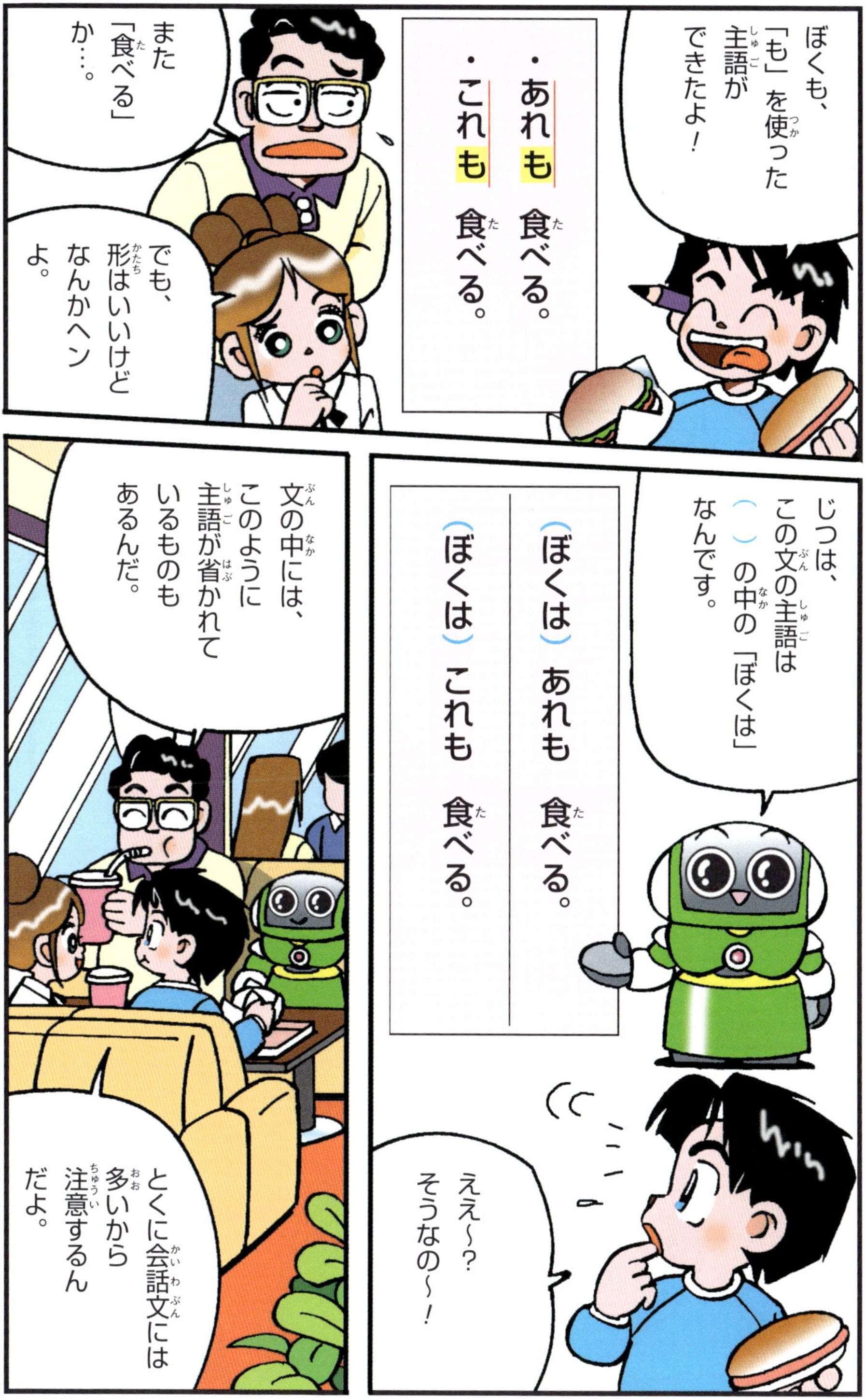

ぼくも、「も」を使《つか》った主語《しゅご》ができたよ！
・あれも食《た》べる。
・これも食《た》べる。
また「食《た》べる」か…。
でも、形《かたち》はいいけどなんかヘンよ。
じつは、この文《ぶん》の主語《しゅご》は（　）の中《なか》の「ぼくは」なんです。
（ぼくは）あれも　食《た》べる。
（ぼくは）これも　食《た》べる。
ええ〜？そうなの〜！
文《ぶん》の中《なか》には、このように主語《しゅご》が省《はぶ》かれているものもあるんだ。
とくに会話文《かいわぶん》には多《おお》いから注意《ちゅうい》するんだよ。

修《しゅう》飾《しょく》語《ご》

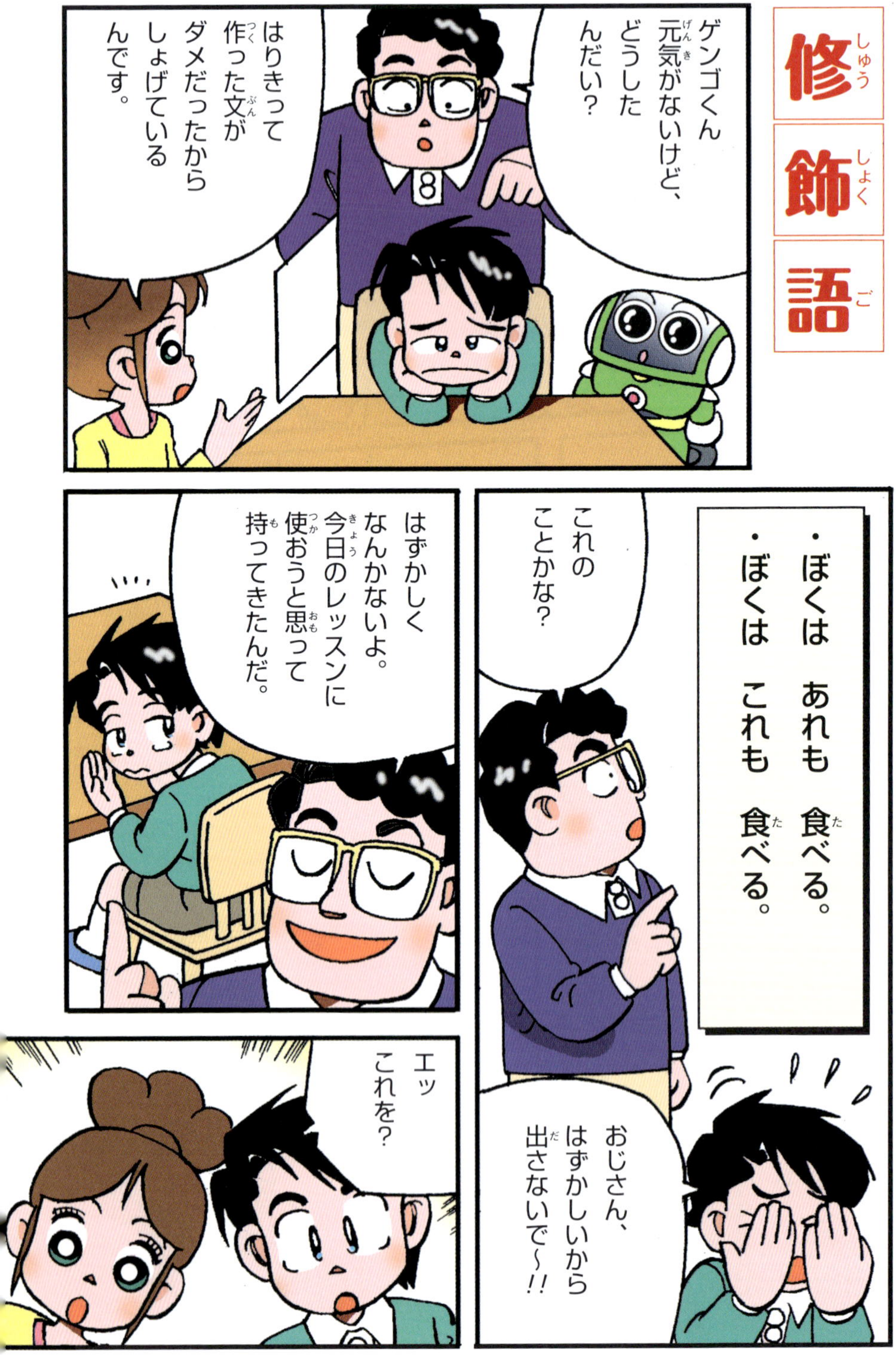
ゲンゴくん元気《げんき》がないけど、どうしたんだい？
はりきって作《つく》った文《ぶん》がダメだったからしょげているんです。
これのことかな？
・ぼくは　あれも　食《た》べる。
・ぼくは　これも　食《た》べる。
おじさん、はずかしいから出《だ》さないで～!!
はずかしくなんかないよ。今日《きょう》のレッスンに使《つか》おうと思《おも》って持《も》ってきたんだ。
エッ　これを？

文《ぶん》の中《なか》の主語《しゅご》・述語《じゅつご》は、木《き》でいえば〝幹《みき》〟だってことを前《まえ》に話《はな》したね。
主語《しゅご》
述語《じゅつご》
では、木《き》は〝幹《みき》〟だけでしょうか？
〝幹《みき》〟以外《いがい》に枝《えだ》もあるし葉《は》っぱだって…。
修飾語《しゅうしょくご》
そのとおり。木《き》に枝《えだ》や葉《は》っぱがあるように、文《ぶん》にも枝《えだ》や葉《は》っぱがある。
文《ぶん》の枝《えだ》や葉《は》っぱのことを「修飾語《しゅうしょくご》」っていうんです。
それがぼくの文《ぶん》とどうつながるの？
？

・ぼくはあれも食《た》べる。
ゲンゴくん この文の主語《しゅご》は？
「あれも」じゃなくて「ぼくは」でしょ。
述語《じゅつご》も言《い》えるよ。「食《た》べる」でしょ。
そうだ。では ことはちゃん、残《のこ》った「あれも」は何《なん》だと思《おも》う？
「何《なに》を食《た》べるのか」をはっきりさせている言葉《ことば》じゃないかしら。
そうだね。「あれも」は「食《た》べる」の意味《いみ》をくわしくしているよ。
こういう言葉《ことば》を「修飾語《しゅうしょくご》」といいます。
そう。「あれも」は修飾語《しゅうしょくご》ですよね。
調子《ちょうし》いい～

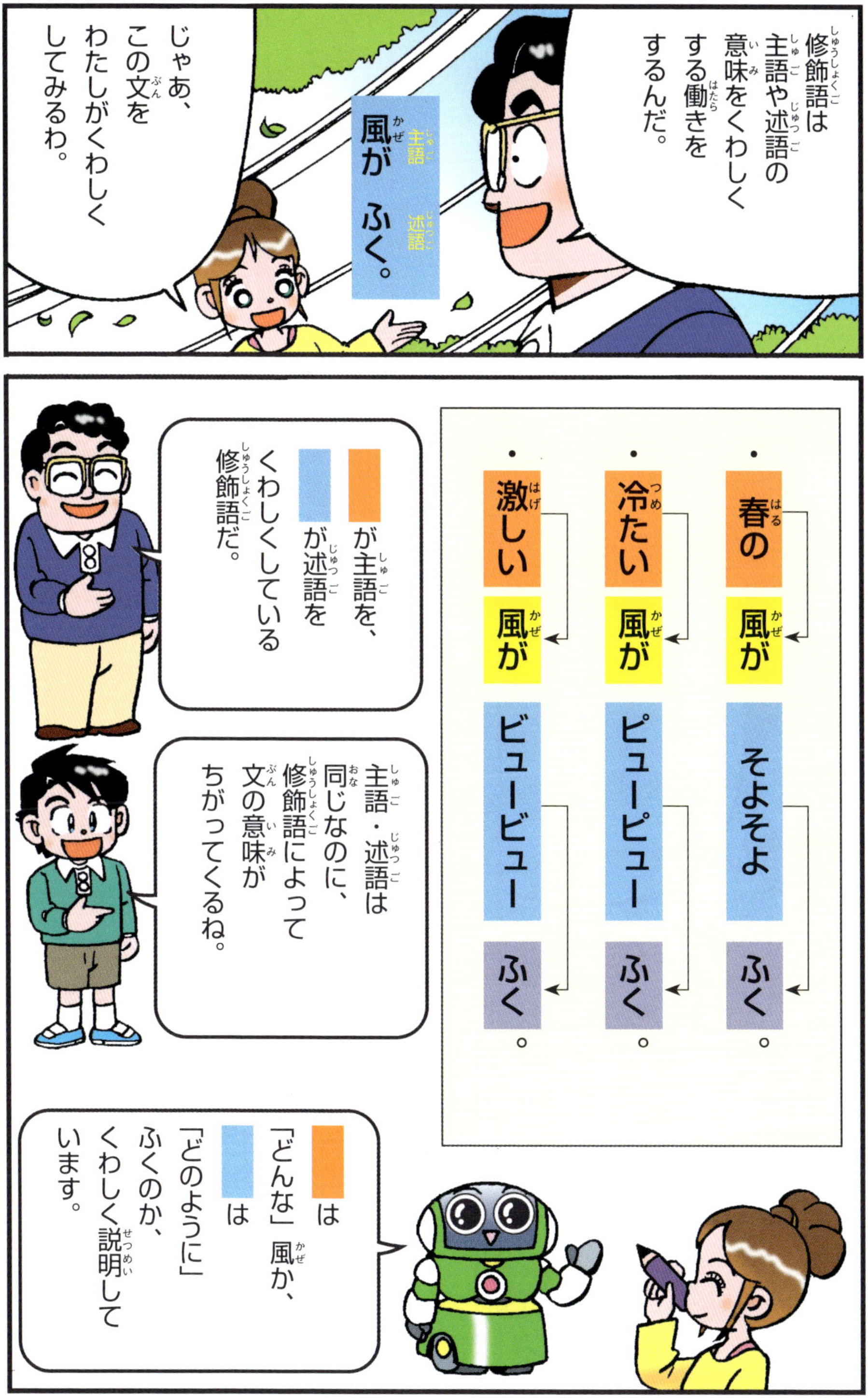

修飾語《しゅうしょくご》は主語《しゅご》や述語《じゅつご》の意味《いみ》をくわしくする働《はたら》きをするんだ。
主語《しゅご》 述語《じゅつご》
風《かぜ》が ふく。
じゃあ、この文《ぶん》をわたしがくわしくしてみるわ。
・春《はる》の 風《かぜ》が そよそよ ふく。
・冷《つめ》たい 風《かぜ》が ピューピュー ふく。
・激《はげ》しい 風《かぜ》が ビュービュー ふく。
が主語《しゅご》を、が述語《じゅつご》をくわしくしている修飾語《しゅうしょくご》だ。
主語《しゅご》・述語《じゅつご》は同《おな》じなのに、修飾語《しゅうしょくご》によって文《ぶん》の意味《いみ》がちがってくるね。
は「どんな」風《かぜ》か、は「どのように」ふくのか、くわしく説明《せつめい》しています。

修飾語《しゅうしょくご》によってくわしくされる文節《ぶんせつ》のことを、被修飾語《ひしゅうしょくご》とよぶことを覚《おぼ》えておこう。
修《しゅう》飾《しょく》語《ご》・被《ひ》修《しゅう》飾《しょく》語《ご》
・春《はる》の 風《かぜ》が そよそよ ふく。
〈何《なに》の〉〈何《なに》が〉〈どのように〉〈どうする〉
この文《ぶん》では、が修飾語《しゅうしょくご》、が被修飾語《ひしゅうしょくご》というわけです。
修飾《しゅうしょく》することを「係《かか》る」といい、修飾《しゅうしょく》されることを「受《う》ける」ともいうよ。
「春《はる》の」は「風《かぜ》が」に係《かか》る、「風《かぜ》が」は「春《はる》の」を受《う》ける、ですね。
ことはちゃん覚《おぼ》えがハヤ〜イ！
ぼくも！「そよそよ」は「ふく」を受《う》けるんだ！
ザンネン!!「受《う》ける」のではなく、「係《かか》る」のです。

主語《しゅご》・述語《じゅつご》をくわしくする修飾語《しゅうしょくご》は、常《つね》に一《ひと》つとはかぎらないし、また、いつもすぐ前《まえ》にあるともいえないんだ。
ワッ、たくさん!!
下《した》の文《ぶん》でたしかめてください。

① 修飾語《しゅうしょくご》が二《ふた》つ以上《いじょう》ある文《ぶん》の例《れい》（──主語《しゅご》・──述語《じゅつご》）

・ぼくは、きのう 小川《おがわ》くんと 図書館《としょかん》へ 行《い》きました。
〈いつ〉〈だれと〉〈どこへ〉

・白《しろ》い 雲《くも》が 空《そら》に ぽっかり うかぶ。
〈どんな〉〈どこに〉〈どのように〉

・兄《あに》の 新《あたら》しい くつが、雨《あめ》で びしょぬれだ。
〈だれの〉〈どんな〉〈何《なに》で〉

② 修飾語《しゅうしょくご》と被修飾語《ひしゅうしょくご》がはなれている場合《ばあい》の例《れい》

・ゆうべ ぼくは ベッドで かみなりの 音《おと》を 聞《き》いた。
〈いつ〉〈どこで〉〈何《なに》の〉〈何《なに》を〉

・とつぜん、少女《しょうじょ》は ゆかに ばらの 花《はな》を ほうり投《な》げた。
〈どのように〉〈どこに〉〈何《なに》の〉〈何《なに》を〉

②文の中での言葉の働き

修飾語《しゅうしょくご》って
ほんとうに
いろいろなものが
あるのね。
働《はたら》きとしては
大《おお》きく次《つぎ》の
二《ふた》つに分《わ》ける
ことができる
んだよ。

連体修飾語《れんたいしゅうしょくご》

↓「どんな」「何《なに》の」「だれの」などを表《あらわ》し、主《おも》に「*体言《たいげん》」に係《かか》っていく修飾語《しゅうしょくご》。

例《れい》 **白《しろ》い**〈どんな〉 花《はな》が〈何《なに》が〉 さく。　**ぼくの**〈だれの〉 兄《あに》は〈だれは〉 高校生《こうこうせい》だ。

連用修飾語《れんようしゅうしょくご》

↓「どのように」「何《なに》を」「いつ」「どこで」などを表《あらわ》し、主《おも》に「*用言《ようげん》」に係《かか》っていく修飾語《しゅうしょくご》。

例《れい》 弟《おとうと》が **にこにこ**〈どのように〉 笑《わら》う。〈どうする〉　ここは **冬《ふゆ》**〈いつ〉 寒《さむ》い。〈どんなだ〉

連体修飾語《れんたいしゅうしょくご》は「主語《しゅご》」の「だれ」や「何《なに》」に、連用修飾語《れんようしゅうしょくご》は「述語《じゅつご》」の「どうする」「どんなだ」に係《かか》っているように思《おも》えるけど…。

さすが、ことはちゃん。「体言《たいげん》・用言《ようげん》」をくわしく学習《がくしゅう》するまでは、その区別《くべつ》のしかたでいいです。

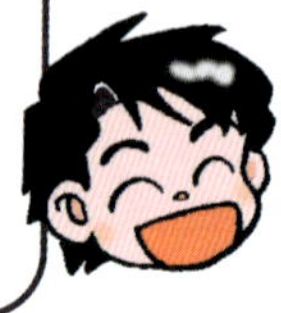

主語《しゅご》か述語《じゅつご》かで区別《くべつ》できるなら、わかりやすいね。

ひとくちメモ

*体言《たいげん》―「何《なに》」にあたる言葉《ことば》。*用言《ようげん》―「どうする・どんなだ」にあたる言葉《ことば》。→P.67・70でくわしく学習《がくしゅう》するよ。

"文《ぶん》"は「幹《みき》」だけじゃないってことを実感《じっかん》しちゃったなぁ。
だいぶ"文《ぶん》"に慣《な》れてきたみたいですね。
では、ゲンゴくん。修飾語《しゅうしょくご》を使《つか》った文《ぶん》を一《ひと》つ作《つく》ってごらん。
わたしは、修飾語《しゅうしょくご》がこんなにいろいろな働《はたら》きをしているのにビックリだわ!
では、今《いま》のぼくの気《き》持《も》ちを一文《いちぶん》で。
・ぼくは早《はや》くおやつを食《た》べたい。
腹《はら》減《へ》ったァ〜っ!
は、二《ふた》つとも述語《じゅつご》を修飾《しゅうしょく》する連用修飾語《れんようしゅうしょくご》だね。
コンビニの肉《にく》まんで〜す。

接《せつ》続《ぞく》語《ご》・独《どく》立《りつ》語《ご》

腹《はら》ペコのゲンゴくん、すっかり元気《げんき》になったようだね。
パク
パク
みんなの分《ぶん》も食《た》べちゃいました。

ではまた、今《いま》の気持《きも》ちを文《ぶん》にしてみて。
・ぼくは、肉《にく》まんをたくさん食《た》べた。
食《た》べたけれども、まだ食《た》べられる。
はい、はい。

もう！食《く》い意地《いじ》がはってるんだからー。
……。

でもゲンゴくんはなかなかいい文《ぶん》を作《つく》ってくれたよ。
エッ？

ゲンゴくんの文《ぶん》の、次《つぎ》の部分《ぶぶん》（文節《ぶんせつ》）に注目《ちゅうもく》して!!
食《た》べたけれども
この部分《ぶぶん》は、前《まえ》とあとの文《ぶん》をつなぐ働《はたら》きをしているんです。
こうした働《はたら》きをする言葉《ことば》を接続語《せつぞくご》というんだ。
接続語《せつぞくご》
では、この　の言葉《ことば》（文節《ぶんせつ》）も接続語《せつぞくご》ですか？
・気温《きおん》が高《たか》かった。だから、上着《うわぎ》をぬいだ。
そのとおり。きみたちがよく使《つか》っている〝つなぎ言葉《ことば》〟は、接続語《せつぞくご》の仲間《なかま》なんだ。
ことはちゃんの文《ぶん》を一《ひと》つの文《ぶん》にした　の部分《ぶぶん》は、長《なが》い接続語《せつぞくご》といえますね。
・気温《きおん》が高《たか》かったので、上着《うわぎ》をぬいだ。

つなぎ言葉《ことば》としての接続語《せつぞくご》については、あとでまたくわしく勉強《べんきょう》するよ。
つなぎ言葉《ことば》ならまかせといて！
・ねえ、その本《ほん》を見《み》せて。
・おや、水《みず》の音《おと》がする。
・まあ、きれいな花《はな》ね。
・はい、ゲンゴです。
みなさん、これを見《み》てくださーい！
いろいろ書《か》いてあるな。
今度《こんど》は何《なん》なの？
文《ぶん》を組《く》み立《た》てている言葉《ことば》もいよいよラストスパートだ。
の言葉《ことば》（文節《ぶんせつ》）は独立語《どくりつご》とよばれています。
言葉《ことば》の「独立《どくりつ》」ってどういうこと？

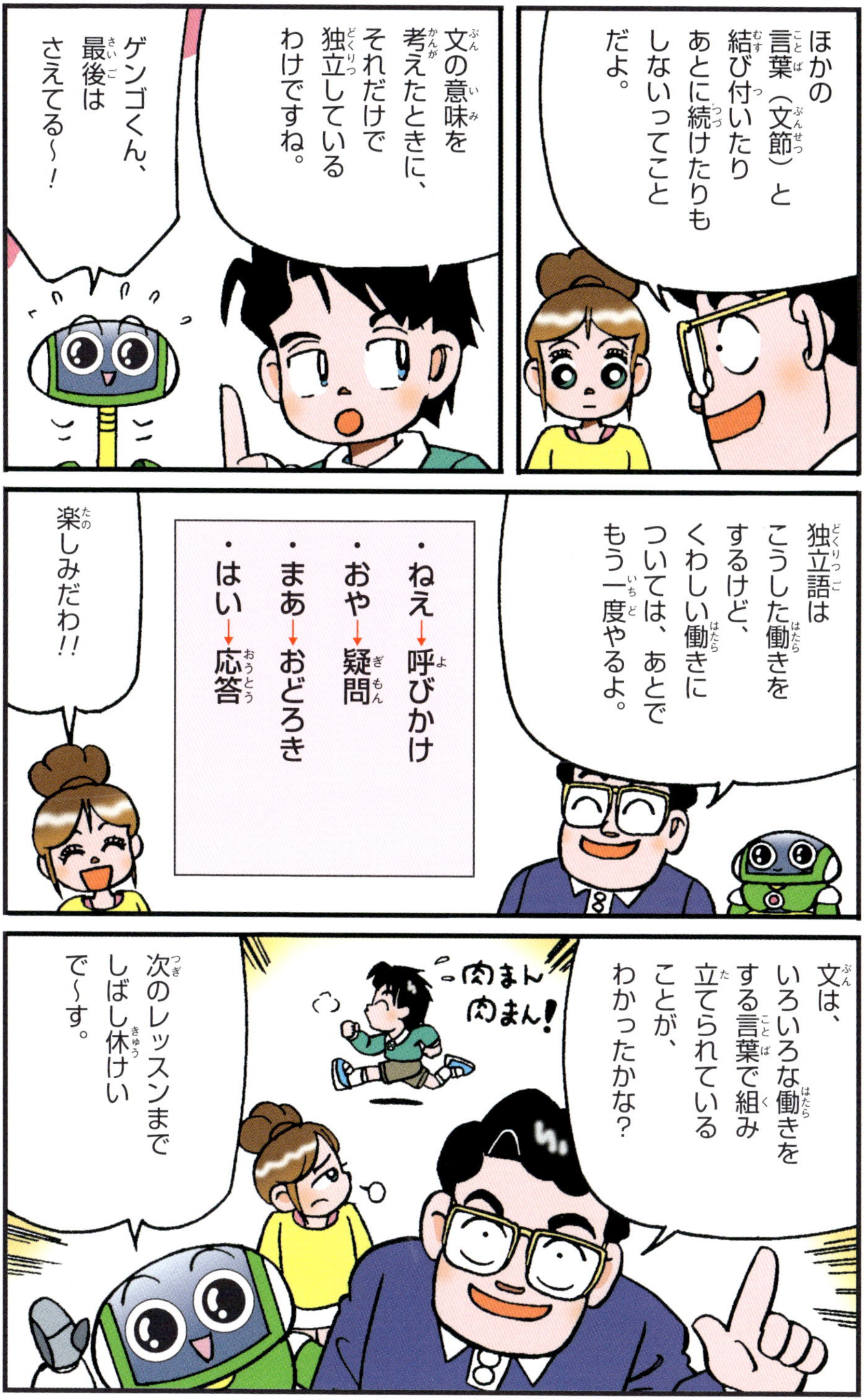
ほかの言葉《ことば》（文節《ぶんせつ》）と結《むす》び付《つ》いたりあとに続《つづ》けたりもしないってことだよ。
文《ぶん》の意味《いみ》を考《かんが》えたときに、それだけで独立《どくりつ》しているわけですね。
ゲンゴくん、最後《さいご》はさえてる〜！
独立語《どくりつご》はこうした働《はたら》きをするけど、くわしい働《はたら》きについては、あとでもう一度《いちど》やるよ。
・ねえ→呼《よ》びかけ
・おや→疑問《ぎもん》
・まあ→おどろき
・はい→応答《おうとう》
楽《たの》しみだわ!!
文《ぶん》は、いろいろな働《はたら》きをする言葉《ことば》で組《く》み立《た》てられていることが、わかったかな？
肉まん肉まん！
次《つぎ》のレッスンまでしばし休《きゅう》けいで〜す。

たしかめドリル〈1〉

（答《こた》えは238ページ）

1

次《つぎ》の文章《ぶんしょう》は、それぞれ〈　〉の数《かず》の文《ぶん》からできています。句点《くてん》（。）をつける場所《ばしょ》をすべて選《えら》んで、（　）に記号《きごう》で答《こた》えましょう。

（1）今日《きょう》から三連休《さんれんきゅう》となるアので高速道路《こうそくどうろ》は行楽地《こうらくち》へ向《む》かうイ車《くるま》でいっぱいだウ三時《さんじ》には着《つ》くエ予定《よてい》で家《いえ》を出《で》たオのだがカ四時近《よじちか》くなってもまだ着《つ》かないキ運転《うんてん》をしているク父《ちち》がつかれないかケ心配《しんぱい》だ。

〈3〉（　　　　）

（2）ベランダに置《お》いたアはち植《う》えの朝顔《あさがお》がイ今朝花《けさはな》をさかせたウ青《あお》い大《おお》きな花三《はなみっ》つがエ真夏《まなつ》の風《かぜ》にゆれているオ別《べつ》のはちには赤《あか》いカつぼみが二《ふた》つキついているク明日《あす》は赤《あか》い花《はな》が見《み》られるケだろうか。

〈4〉（　　　　）

2

文《ぶん》としてひとまとまりの内容《ないよう》を表《あらわ》しているものをア～ウから一《ひと》つずつ選《えら》んで、（　）に記号《きごう》で答《こた》えましょう。

（1）
ア　家《いえ》は来月《らいげつ》ぼくのことになった引《ひ》っこす。
イ　来月《らいげつ》ぼくの家《いえ》はなったことに引《ひ》っこす。
ウ　ぼくの家《いえ》は来月《らいげつ》引《ひ》っこすことになった。
（　）

（2）
ア　市場《いちば》の中《なか》はまるでお祭《まつ》りのようなにぎやかさだ。
イ　まるで市場《いちば》のようなお祭《まつ》りの中《なか》はにぎやかさだ。
ウ　お祭《まつ》りのような市場《いちば》の中《なか》はまるでにぎやかさだ。
（　）

（3）
ア　黒《くろ》ねこがらんらんと目《め》を高《たか》いへいから飛《と》び下《お》りた地上《ちじょう》にひらりと光《ひか》らせた。
イ　目《め》をらんらんと光《ひか》らせた黒《くろ》ねこが高《たか》いへいからひらりと地上《ちじょう》に飛《と》び下《お》りた。
ウ　高《たか》いへいから地上《ちじょう》に黒《くろ》ねこが目《め》をらんらんと光《ひか》らせたひらりと飛《と》び下《お》りた。
（　）

3

次《つぎ》の文《ぶん》はいくつの文節《ぶんせつ》に分《わ》けられますか。文節《ぶんせつ》ごとに「ネ・サ・ヨ」を入《い》れて読《よ》みながら文節《ぶんせつ》の数《かず》を数《かぞ》え、（　）に数字《すうじ》で答《こた》えましょう。

(1) 明日《あす》はピアノの発表会《はっぴょうかい》だ。（　）

(2) 校庭《こうてい》で赤《あか》い手帳《てちょう》を拾《ひろ》った。（　）

(3) 土手《どて》の上《うえ》を少年《しょうねん》と子犬《こいぬ》が走《はし》る。（　）

(4) この建物《たてもの》のげんかんはとても広《ひろ》い。（　）

(5) おじさんは、細長《ほそなが》い箱《はこ》の中《なか》からつえのようなものを取《と》り出《だ》した。（　）

(6) 図書館《としょかん》にある植物図《しょくぶつず》かんで調《しら》べたら、ダリアはキク科《か》の植物《しょくぶつ》だということがわかった。（　）

(7) 約束《やくそく》の時間《じかん》に三十分《さんじっぷん》もおくれて行《い》ったら、妹《いもうと》は泣《な》きそうな顔《かお》をして公園《こうえん》の門《もん》の横《よこ》にいた。（　）

4

次《つぎ》の文《ぶん》を文節《ぶんせつ》に分《わ》け、文節《ぶんせつ》の中《なか》をさらに単語《たんご》に分《わ》けるとどうなりますか。正《ただ》しいものを一《ひと》つずつ選《えら》んで、（　）に記号《きごう》で答《こた》えましょう。

例 犬《いぬ》が野原《のはら》を走《はし》る。→犬《いぬ》・が／野原《のはら》・を／走《はし》る。

（／は文節《ぶんせつ》の切《き》れ目《め》、・は単語《たんご》の切《き》れ目《め》を表《あらわ》します。）

(1) 本屋《ほんや》でつりの本《ほん》を買《か》う。

ア 本屋《ほんや》で／つりの・本《ほん》を／買《か》う。
イ 本屋《ほんや》・で／つり・の／本《ほん》・を／買《か》う。
ウ 本《ほん》・屋《や》・で／つり・の／本《ほん》・を／買《か》・う。

（　）

(2) このパンはとてもやわらかい。

ア こ・の／パン・は／とて・も／やわ・ら・かい。
イ この／パンは／とても／やわら・かい。
ウ この／パン・は／とても／やわらかい。

（　）

(3) 背《せ》の高《たか》い男《おとこ》の人《ひと》が追《お》いかける。

ア 背《せ》・の／高《たか》い／男《おとこ》・の／人《ひと》・が／追《お》いかける。
イ 背《せ》・の／高《たか》・い／男《おとこ》の人《ひと》・が／追《お》い／かける。
ウ 背《せ》の／高《たか》い／男《おとこ》の・人《ひと》が／追《お》い・かける。

（　）

5

次《つぎ》の文《ぶん》の主語《しゅご》と述語《じゅつご》を、（　）に書《か》き出《だ》しましょう。
主語《しゅご》がない場合《ばあい》は、○を書《か》きましょう。

(1) 父《ちち》は 新聞社《しんぶんしゃ》の カメラマンだ。
主語《しゅご》（　　）述語《じゅつご》（　　）

(2) 新《あたら》しく 始《はじ》まった ドラマは とても おもしろい。
主語《しゅご》（　　）述語《じゅつご》（　　）

(3) 晴《は》れたら 朝食《ちょうしょく》は テラスの 上《うえ》で 食《た》べます。
主語《しゅご》（　　）述語《じゅつご》（　　）

(4) 全校遠足《ぜんこうえんそく》には 校長先生《こうちょうせんせい》も 参加《さんか》された。
主語《しゅご》（　　）述語《じゅつご》（　　）

(5) さっきまで 泣《な》いていた 弟《おとうと》まで げらげら 笑《わら》う。
主語《しゅご》（　　）述語《じゅつご》（　　）

(6) 午前八時《ごぜんはちじ》、ピストルの 合図《あいず》で 選手《せんしゅ》たちは いっせいに 走《はし》り出《だ》した。
主語《しゅご》（　　）述語《じゅつご》（　　）

6

次《つぎ》の文《ぶん》の〰線部《せんぶ》は、どの部分《ぶぶん》を修飾《しゅうしょく》していますか。
（　）に記号《きごう》で答《こた》えましょう。

(1) きらきらと ア真冬《まふゆ》の イ空《そら》に ウかがやく エ星《ほし》を オ一人《ひとり》で カながめる。
（　　）

(2) アわたしは、 大《おお》きな イ鉄《てつ》の ウなべで エいもを オたくさん カにた。
（　　）

(3) 台所《だいどころ》から ア母《はは》が イ朝食《ちょうしょく》の ウしたくを エする オ音《おと》が カ聞《き》こえてくる。
（　　）

(4) 兄《あに》の ア古《ふる》い イラケットを ウ借《か》りて エテニスの オ練習《れんしゅう》を カする。
（　　）

(5) アあきらは そっと イ草《くさ》むらの ウ上《うえ》に エ手《て》を オ近《ちか》づけ、 カリーンリーンと キ鳴《な》く ク小《ちい》さな ケ虫《むし》を コつかまえた。
（　　）

7

文《ぶん》の組《く》み立《た》てを表《あらわ》した次《つぎ》の図《ず》の□に当《あ》てはまる言葉《ことば》をあとから選《えら》んで、記号《きごう》を書《か》き入《い》れましょう。（――は主語《しゅご》、〜〜は述語《じゅつご》を示《しめ》しています。）

（1）わたしは、〈いつ〉① 〈だれと〉② 〈何《なに》で〉③ ④。

ア 鉄棒《てつぼう》で　イ 西山《にしやま》さんと　ウ 遊《あそ》びました
エ 休《やす》み時間《じかん》に

（2）〈だれの〉① 〈どんな〉② ③ 〈どこに〉④ 〈どのように〉⑤ なっている。

ア 古《ふる》い　イ たなに　ウ 妹《いもうと》の　エ 人形《にんぎょう》が
オ 置《お》きざりに

（3）〈どのように〉①、② 〈どんな〉③ 声《こえ》で 悲《かな》しい 〈何《なに》を〉④ ⑤。

ア 歌《うた》を　イ 男《おとこ》の子《こ》は　ウ 歌《うた》い始《はじ》めた
エ いきなり　オ 美《うつく》しい

8

次《つぎ》の文《ぶん》の――線部《せんぶ》が、接続語《せつぞくご》ならア、独立語《どくりつご》ならイ、どちらでもなければウと、（　）にそれぞれ記号《きごう》で答《こた》えましょう。

（1）気温《きおん》は三十五度《さんじゅうごど》で暑《あつ》い。暑《あつ》いので、クーラーをつけた。　（　）

（2）①ねえ、そろそろ帰《かえ》ろうか。②もう少《すこ》しいようよ。　①（　）②（　）

（3）①急《いそ》いで受話器《じゅわき》を取《と》った。②しかし、電話《でんわ》は切《き》れてしまった。　①（　）②（　）

（4）①わあ、大《おお》きなこいのぼり。きみのうちのかい？②うん、そうだよ。　①（　）②（　）

（5）①トントンと戸《と》をたたいた。②すると、女《おんな》の子《こ》の返《へん》事《じ》が聞《き》こえた。　①（　）②（　）

（6）①おはよう。元気《げんき》そうだね。②元気《げんき》だけど、まだちょっとねむいんだ。　①（　）②（　）

③単語《たんご》の種類《しゅるい》と働《はたら》き

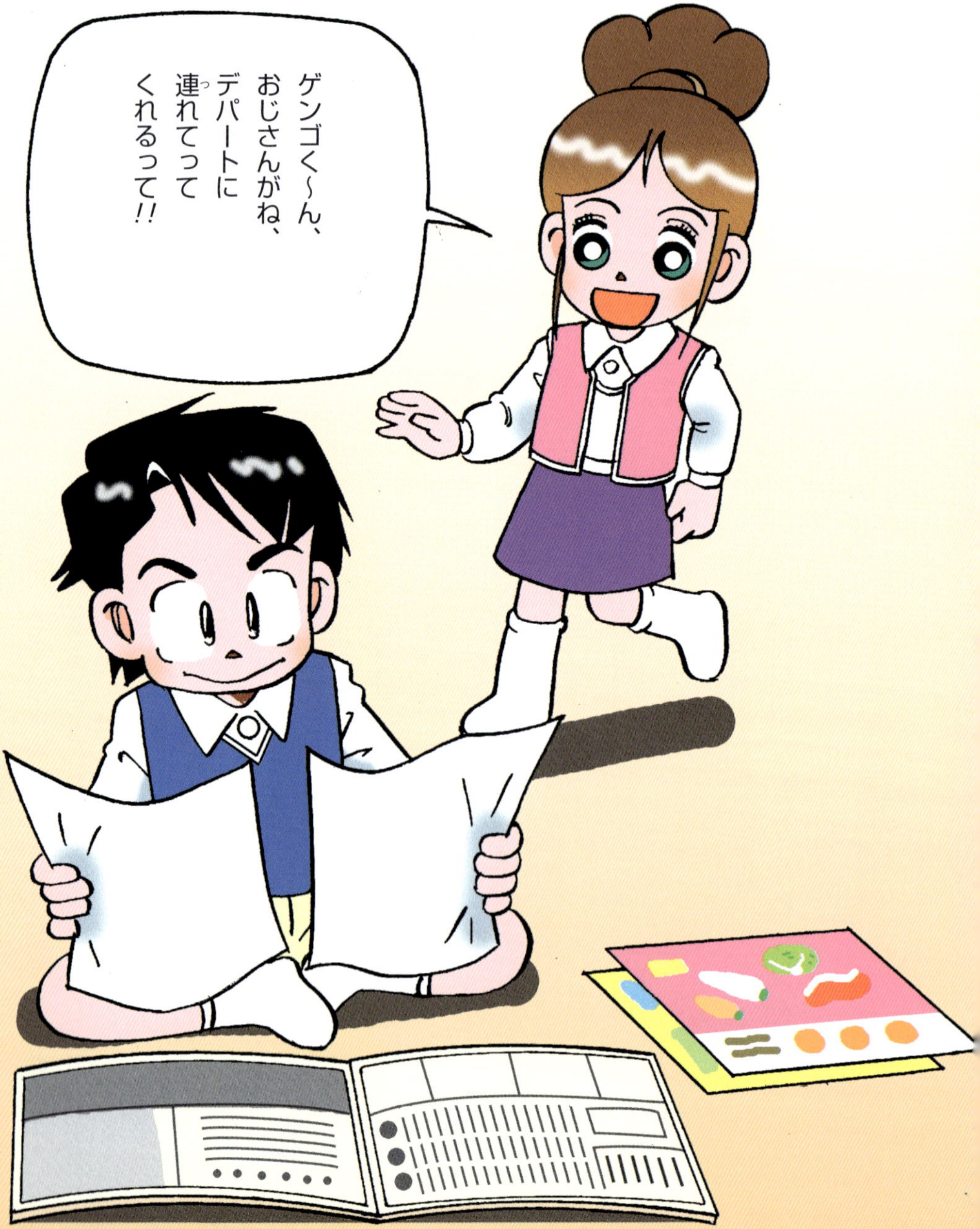
ゲンゴく～ん、おじさんがね、デパートに連れてってくれるって!!

さすが ぼくのおじさん!! きっとこれに 連《つ》れてって くれるんだよ。
世界のケーキ祭り
へえ、こんなにいろいろな ケーキがあるんだ。これなら、わたしも 行《い》きた〜い!
ねえ おじさん、スターデパートに いつ行《い》くの?
おじさんが ケーキ好《ず》きとは 知《し》らなかったです。
ちょっと、ちょっと、「スターデパート」とか「ケーキ好《ず》き」とか、それ、何《なん》の話《はなし》?

でも、デパートに連《つ》れてってくれると言《い》ったでしょ?!
スターデパートのケーキ祭《まつ》りに行《い》くんじゃあ…。
ブー!! ぼくが行《い》こうと言《い》っているのは…。
このデパートだよ～ん!!
品詞デパート
品詞《ひんし》デパート
ヒャ～～～ッ!
このデパートは、きみたちのためにぼくとブンボが力《ちから》を合《あ》わせて作《つく》ったんだ。
ぼくたちのためのデパート?

そう。きみたちに言葉《ことば》のきまりをよく理解《りかい》してもらうために作《つく》ったデパートさ。
へえ、すごーい！

それぞれの階《かい》には、こういった言葉《ことば》についてのコーナーがあるんだ。
品詞デパート
10 動詞《どうし》
9 形容詞《けいようし》
8 形容動詞《けいようどうし》
7 名詞《めいし》
6 副詞《ふくし》
5 連体詞《れんたいし》
4 接続詞《せつぞくし》
3 感動詞《かんどうし》
2 助動詞《じょどうし》
1 助詞《じょし》
自立語《じりつご》
付属語《ふぞくご》
ふーん。

ところでおじさん、「品詞《ひんし》」って何《なん》ですか?
初《はじ》めて出《で》てきた言葉《ことば》ですよね。
そう。では二人《ふたり》とも次《つぎ》の表《ひょう》を見《み》て。
あれっ、この文《ぶん》、どっかで見《み》たぞ。
① 庭《にわ》に ばらの 花《はな》が さく。
② 庭《にわ》 に ばら の 花《はな》 が さく。
①が文節《ぶんせつ》に分《わ》けた文《ぶん》で、②がさらに単語《たんご》に分《わ》けた文《ぶん》だわ。
おみごと! 20ページに出《で》てきました。

「品詞《ひんし》」というのはね、それぞれの単語《たんご》が文中《ぶんちゅう》でどんな働《はたら》きをしているのかによって分類《ぶんるい》したものだよ。全部《ぜんぶ》で〝10〟に分《わ》かれるんだ。

ナールほど。だから品詞《ひんし》デパートは10階《かい》ってわけね。

さて、品詞《ひんし》デパートに入《はい》る前《まえ》に、きみたちに説明《せつめい》しておくことが二《ふた》つある。
まずはこれ!!
自立語《じりつご》
付属語《ふぞくご》
・あの書店《しょてん》は土曜日《どようび》だけ六時《ろくじ》に店《みせ》を閉《し》める。
ゲンゴくん、上《うえ》の文《ぶん》を文節《ぶんせつ》と単語《たんご》に分《わ》けてみて。
おまかせを!
・あの／書店《しょてん》は／土曜日《どようび》だけ／六時《ろくじ》に／店《みせ》を／閉《し》める。
こうなります。
・あの／書店《しょてん》／は／土曜日《どようび》／だけ／六時《ろくじ》／に／店《みせ》／を／閉《し》める／。
ヤッター、完《かん》ぺき～!

のような単語《たんご》を自立語《じりつご》、のような単語《たんご》を付属語《ふぞくご》というんだ。
・あの／書店《しょてん》は／土曜日《どようび》だけ／六時《ろくじ》に／店《みせ》を／閉《し》める。
どうやって自立語《じりつご》か付属語《ふぞくご》かを区別《くべつ》するんですか？

いつもながらいい質問《しつもん》だね。これについてはブンボがまとめてくれたよ。
ああ、そういうことね！
自立語《じりつご》
文節《ぶんせつ》の初《はじ》めにきたり、それだけで文《ぶん》節《せつ》を作《つく》ったりすることができる。
付属語《ふぞくご》
それだけでは文節《ぶんせつ》は作《つく》れず、必《かなら》ず自《じ》立語《りつご》のあとについて文節《ぶんせつ》を作《つく》る。

自立語《じりつご》はそれだけで意味《いみ》がわかるけど、はだけなどの付属語《ふぞくご》は、何《なん》のことだかわからないわ。
意味《いみ》
そうだよ。単語《たんご》の意味《いみ》のうえからみても、ちがいがはっきりしているだろう。
だけ
は
自立語《じりつご》と付属語《ふぞくご》って、なんだかことはちゃんとぼくみたい…。
おやまたどうして?
ことはちゃんは一人《ひとり》でもレッスン受《う》けていけるけど、ぼくは、ことはちゃんがいないと…。
ことはちゃ～ん
たしかに…。
ええ～い、よるなさわるな!
では説明《せつめい》の二《ふた》つめに入《はい》ろう。これを見《み》て!
活用《かつよう》
カ・ツ・ヨ・ウ?

あらっ！
さくっていう
自立語《じりつご》の形《かたち》が
変化《へんか》しているわ?!
※花《はな》が さく。
さか ない。
さき ます。
「さく」に「ない」や
「ます」という付属語《ふぞくご》が
ついたことで、形《かたち》が
変化《へんか》したのさ。
このように、あとに続《つづ》く語《ご》によって言葉《ことば》の形《かたち》が変《か》わることを「活用《かつよう》」というんだ。
活《かつ》用《よう》
わかったゾ！
自立語《じりつご》は〝活用《かつよう》〟するんだな！
早《はや》まらない
早《はや》まらない！
「花《はな》」は自立語《じりつご》だけど、どんな文《ぶん》の中《なか》でも形《かたち》が変《か》わらない。つまり、〝活用《かつよう》〟のない自立語《じりつご》もあるんだ。
・花《はな》に 水《みず》を やる。
・美《うつく》しい 花《はな》が さく。
・その 花《はな》、なあに。
じゃあ、付属語《ふぞくご》は活用《かつよう》するの?しないの?

※——は文節《ぶんせつ》。■は自立語《じりつご》、■は付属語《ふぞくご》。

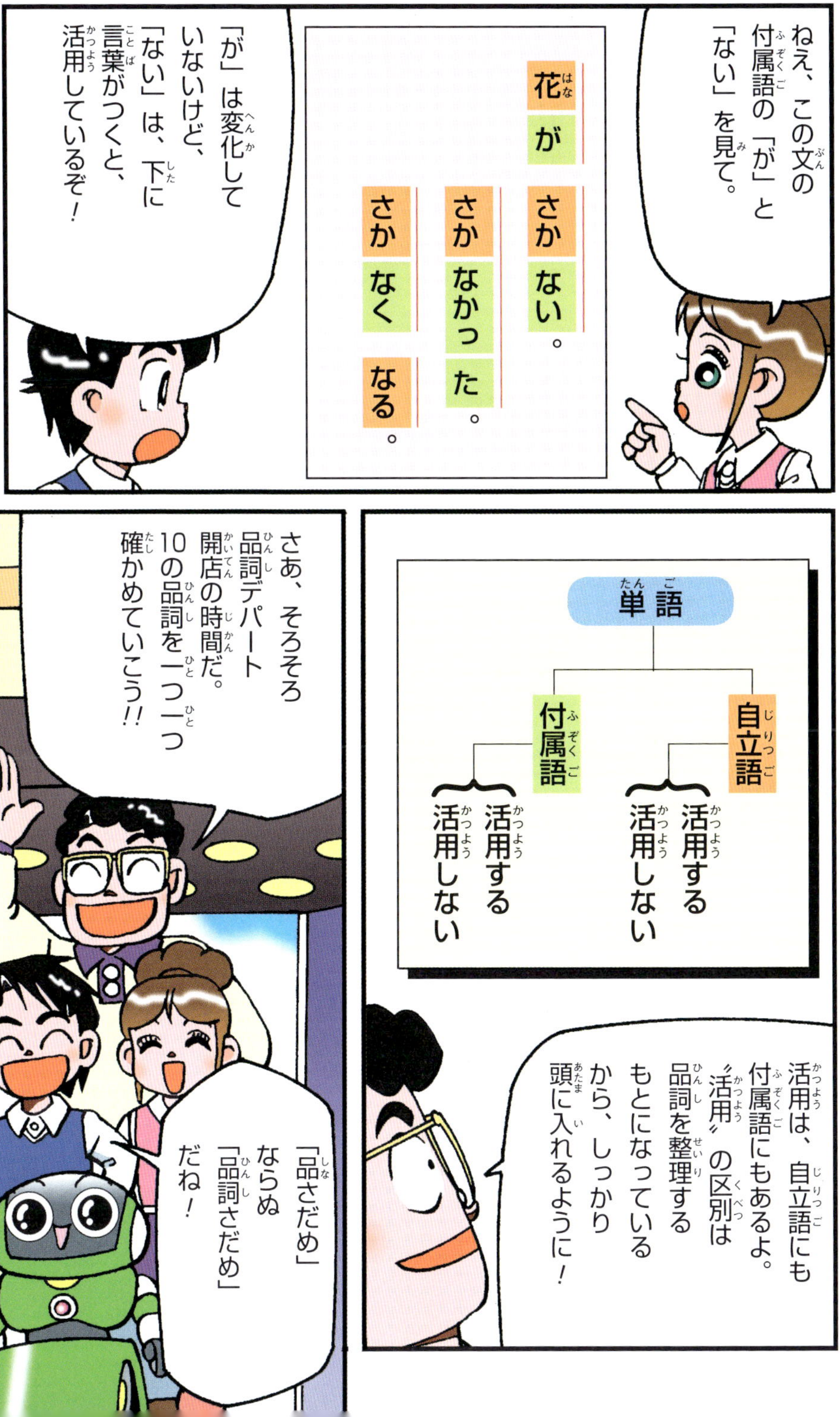
ねえ、この文《ぶん》の付属語《ふぞくご》の「が」と「ない」を見《み》て。
花《はな》がさかない。
さかなかった。
さかなくなる。
「が」は変化《へんか》していないけど、「ない」は、下《した》に言葉《ことば》がつくと、活用《かつよう》しているぞ！
単語《たんご》
自立語《じりつご》
活用《かつよう》する
活用《かつよう》しない
付属語《ふぞくご》
活用《かつよう》する
活用《かつよう》しない
活用《かつよう》は、自立語《じりつご》にも付属語《ふぞくご》にもあるよ。〝活用《かつよう》〟の区別《くべつ》は品詞《ひんし》を整理《せいり》するもとになっているから、しっかり頭《あたま》に入《い》れるように！
さあ、そろそろ品詞《ひんし》デパート開店《かいてん》の時間《じかん》だ。10の品詞《ひんし》を一《ひと》つ一《ひと》つ確《たし》かめていこう!!
「品《しな》さだめ」ならぬ「品詞《ひんし》さだめ」だね！

動詞《どうし》

10階《かい》、「動詞《どうし》」コーナーからスタート!!

❶ **活用《かつよう》する自立語《じりつご》**。それだけで、述語《じゅつご》や修飾語《しゅうしょくご》になることができる。

例 そよ風《かぜ》が**ふく**。〈述語《じゅつご》〉

ふく風《かぜ》はさわやかだ。〈修飾語《しゅうしょくご》〉

❷ 文《ぶん》の中《なか》で、**動作《どうさ》**（どうする）や**作用《さよう》**（どうなる）・**存在《そんざい》**（ある・いる）を表《あらわ》す。

例
- 姉《あね》が校歌《こうか》を**歌《うた》う**。（動作《どうさ》）
- 雨《あめ》で、道《みち》が**ぬれる**。（作用《さよう》）
- おやつが**ある**。／めだかが**いる**。（存在《そんざい》）

❸ **言《い》い切《き》りの形《かたち》が「ウ」段《だん》の音《おん》で終《お》わる。**

- ふく（fuku）
- 歌《うた》う（utau）
- ぬれる（nureru）

↓ どの動詞《どうし》も、最後《さいご》が「u（ウ）」の音《おん》になっている。

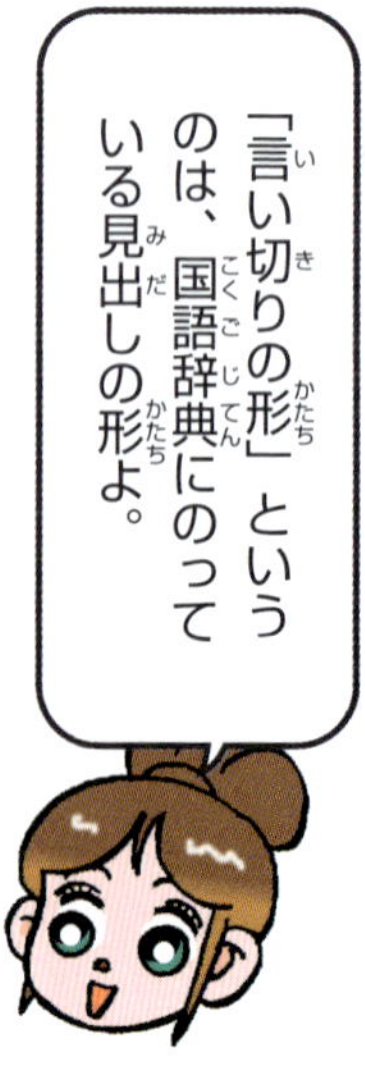
「言《い》い切《き》りの形《かたち》」というのは、国語辞典《こくごじてん》にのっている見出《みだ》しの形《かたち》よ。

❹ **動詞《どうし》の活用《かつよう》の例《れい》**

読《よ》む
- 読《よ》まない
- 読《よ》みます
- 読《よ》む……〈言《い》い切《き》りの形《かたち》〉
- 読《よ》むとき
- 読《よ》めば
- 読《よ》め

最後《さいご》の「読《よ》め」は、命令《めいれい》するときの言《い》い方《かた》で、「命令形《めいれいけい》」というよ。

起きる
- 起《お》きない
- 起《お》きます
- 起《お》きる
- 起《お》きるとき
- 起《お》きれば
- 起《お》きろ

答《こた》える
- 答《こた》えない
- 答《こた》えます
- 答《こた》える
- 答《こた》えるとき
- 答《こた》えれば
- 答《こた》えろ

来《く》る
- 来《こ》ない
- 来《き》ます
- 来《く》る
- 来《く》るとき
- 来《く》れば
- 来《こ》い

する
- しない
- します
- する
- するとき
- すれば
- しろ

起《お》きろ!! 早《はや》く答《こた》えろ!!
夢《ゆめ》か…。

5 いろいろな動詞《どうし》

① **他動詞《たどうし》** 「○○を」という言葉《ことば》の下《した》につけて使《つか》うことが多《おお》い動詞《どうし》。

例
- ・部屋《へや》のカーテンを開《あ》ける。
- ・子犬《こいぬ》が、ミルクを飲《の》む。
- ・母《はは》が野菜《やさい》サラダを作《つく》る。

② **自動詞《じどうし》** 「○○を」という言葉《ことば》の下《した》につけなくてもよい動詞《どうし》。

例
- ・雨《あめ》がやむ。
- ・先生《せんせい》の住所《じゅうしょ》が変《か》わる。
- ・洗《せん》たく物《もの》がかわく。

「来《く》る」「する」は、活用《かつよう》によって言《い》い方《かた》もちがってくるから気《き》をつけるんだよ。

「においが消《き》える」は自動詞《じどうし》、「においを消《け》す」は他動詞《たどうし》ね。

形《かたち》が同《おな》じ自動詞《じどうし》・他動詞《たどうし》

例

ふく
- 風《かぜ》がふく。（自《じ》）
- 横笛《よこぶえ》をふく。（他《た》）

増《ま》す
- 雨量《うりょう》が増《ま》す。（自《じ》）
- スピードを増《ま》す。（他《た》）

③**補助《ほじょ》（形式《けいしき》）動詞《どうし》** 動詞《どうし》としての意味《いみ》よりも、上《うえ》の言葉《ことば》を補助《ほじょ》するために用《もち》いられる。

例
- ⓐ雨《あめ》が降《ふ》っている。
- ⓑテーブルに皿《さら》が置《お》いてある。
- ⓒ母《はは》に聞《き》いてみることにした。
- ⓓおやつを食《た》べてしまう。

※ⓐ・ⓑの「いる・ある」は、存在《そんざい》の意味《いみ》ではなく、「雨《あめ》が降《ふ》る」「皿《さら》を置《お》く」という状態《じょうたい》が続《つづ》いているという意味《いみ》をそえている。

※ⓒの「みる」は「見《み》る」ではなく、「ためしにする」ことを、ⓓの「しまう」は「入《い》れ物《もの》などに納《おさ》め入《い》れる」ではなく、「食《た》べる」という動作《どうさ》が終《お》わったことを表《あらわ》している。

④**可能動詞《かのうどうし》** 「…できる」という意味《いみ》をもっている動詞《どうし》。

例
- ・駅《えき》まで五分《ごふん》で行《い》ける。
- ・もっと上手《じょうず》に歌《うた》える。
- ・荷物《にもつ》は、まだまだ積《つ》める。

〈可能動詞《かのうどうし》の活用《かつよう》〉

行《い》ける
- 行《い》けない
- 行《い》けます
- 行《い》ける
- 行《い》けるとき
- 行《い》ければ

注意 ◆「可能動詞《かのうどうし》」のない動詞《どうし》

- 出《で》る→×出《で》れる…出《で》られる
- 見《み》る→×見《み》れる…見《み》られる
- 食《た》べる→×食《た》べれる…食《た》べられる
- 起《お》きる→×起《お》きれる…起《お》きられる

※□の動詞《どうし》には可能動詞《かのうどうし》はない。×の言《い》い方《かた》は誤《あやま》り。可能《かのう》の意味《いみ》にするには、〜〜の言《い》い方《かた》をする。

形《けい》容《よう》詞《し》

9階《かい》、「形容詞《けいようし》」コーナーで〜す!

①**活用《かつよう》する自立語《じりつご》。**それだけで、述語《じゅつご》や修飾語《しゅうしょくご》になることができる。

例 この部屋《へや》は広《ひろ》い。〈述語《じゅつご》〉
赤《あか》いセーターを着《き》る。〈修飾語《しゅうしょくご》〉

「強《つよ》いのはこっちです。」のように、主語《しゅご》になることもあるよ。

②いろいろなものや事《こと》がらの**性質《せいしつ》**や**状態《じょうたい》**を表《あらわ》す。

例
・とうがらしは、からい。（性質《せいしつ》）
・冷《つめ》たいジュースを飲《の》む。（状態《じょうたい》）
・楽《たの》しい話《はなし》を聞《き》く。（状態《じょうたい》）

③言《い》い切《き》りの形《かたち》が「い」で終《お》わる。

・長《なが》い　高《たか》い　小《ちい》さい
・短《みじか》い　深《ふか》い　せまい
・美《うつく》しい　苦《くる》しい
はげしい　うれしい

ほんとだ!! どれも「い」で終《お》わっているネ。

④形容詞《けいようし》の活用《かつよう》の例《れい》

寒《さむ》い
- 寒《さむ》かろう
- 寒《さむ》かった
- 寒《さむ》くない
- 寒《さむ》い
- 寒《さむ》いとき
- 寒《さむ》ければ

楽《たの》しい
- 楽《たの》しかろう
- 楽《たの》しかった
- 楽《たの》しくない
- 楽《たの》しい
- 楽《たの》しいとき
- 楽《たの》しければ

※動詞《どうし》とちがい、形容詞《けいようし》の活用《かつよう》には「命令形《めいれいけい》」がない。

⑤形容詞《けいようし》の修飾《しゅうしょく》の例《れい》

①**主語《しゅご》**を修飾《しゅうしょく》する。

・冷《つめ》たい風《かぜ》がふく。

・青《あお》いかさがある。

②**述語《じゅつご》**を修飾《しゅうしょく》する。

・車《くるま》が大《おお》きく曲《ま》がる。

・妹《いもうと》が前《まえ》がみを短《みじか》く切《き》る。

③**修飾語《しゅうしょくご》**を修飾《しゅうしょく》する。

・高《たか》くそびえる山《やま》。

・長《なが》い橋《はし》をわたる。

※修飾《しゅうしょく》するときは、言《い》い切《き》りの形《かたち》だけではなく、活用《かつよう》した形《かたち》もよく使《つか》われる。

⑥補助《ほじょ》(形式《けいしき》)形容詞《けいようし》…形容詞《けいようし》本来《ほんらい》の意味《いみ》ではなく、上《うえ》の言葉《ことば》を補助《ほじょ》するために用《もち》いられる。

ない
ⓐ飲《の》み水《みず》がない。
ⓑこれは、飲《の》み水《みず》でない。

よい
ⓐこの商品《しょうひん》は、品質《ひんしつ》がよい。
ⓑ先《さき》に帰《かえ》ってもよい。

ほしい
ⓐパンと牛乳《ぎゅうにゅう》がほしい。
ⓑぜひ一度《いちど》作品《さくひん》を見《み》てほしい。

ⓐとⓑに、何《なに》かちがいがあるみたいね。

そのとおり！どれも、ⓐが本来《ほんらい》の形容詞《けいようし》、ⓑが補助《ほじょ》(形式《けいしき》)形容詞《けいようし》だよ。

ⓐ**本来《ほんらい》の形容詞《けいようし》**…ない／よい／ほしい

ない → 「存在《そんざい》しない」という意味《いみ》。

よい → 「すぐれている」という意味《いみ》。

ほしい → 「自分《じぶん》のものにしたい」という意味《いみ》。

ⓑ**補助《ほじょ》（形式《けいしき》）形容詞《けいようし》**…ない／よい／ほしい

飲《の》み水《みず》でない→打《う》ち消《け》しの意味《いみ》をそえる。

帰《かえ》ってもよい→許可《きょか》の意味《いみ》をそえる。

見《み》てほしい→「…してもらいたい」の意味《いみ》をそえる。

表《あらわ》している意味《いみ》が、ぜんぜんちがうのね。

知っトク

◆「形容詞《けいようし》」の命令《めいれい》の形《かたち》

・短《みじか》く切《き》れ。　・早《はや》く起《お》きろ。

・小《ちい》さくしろ。　・深《ふか》くほれ。

形容詞《けいようし》そのものには命令形《めいれいけい》はない。だから、形《けい》容詞《ようし》の下《した》に動詞《どうし》をつけて、その動詞《どうし》を命令形《めいれいけい》にする。（〜〜線《せん》部《ぶ》は、それぞれ命令形《めいれいけい》。）

◆感動《かんどう》の意味《いみ》を表《あらわ》す形容詞《けいようし》の形《かたち》

例
・おお、寒《さむ》。…寒《さむ》い
・あっ、痛《いた》。…痛《いた》い
・おお、しぶ。…しぶい

形容詞《けいようし》の「い」の部分《ぶぶん》を取《と》った形《かたち》にすることで、そのとき感《かん》じた気持《きも》ちを印象《いんしょう》強《づよ》く伝《つた》えることができる。

ああ、しんど!!（しんどい）

ヤッタネ、ゲンゴくん!

形《けい》容《よう》動《どう》詞《し》

8階《かい》、「形容動詞《けいようどうし》」コーナーへようこそ!!

1 **活用《かつよう》する自立語《じりつご》。**それだけで、述語《じゅつご》や修飾語《しゅうしょくご》になることができる。

例 森《もり》の中《なか》は静《しず》かだ。〈述語《じゅつご》〉

さわやかなかおりがする。〈修飾語《しゅうしょくご》〉

2 いろいろなものや事《こと》がらの**性質《せいしつ》**や**状態《じょうたい》**を表《あらわ》す。

働《はたら》きとしては、「形容詞《けいようし》」とほとんど同《おな》じだよ。

3 言《い》い切《き》りの形《かたち》が**「だ」・「です」**で終《お》わる。

例
- きれいだ / きれいです
- ほがらかだ / ほがらかです
- まじめだ / まじめです

※「…です」は、ていねいな表現《ひょうげん》。

注意

◆「…だ」で終《お》わる文節《ぶんせつ》が、すべて形容動詞《けいようどうし》であるとは限《かぎ》らない。

- ・これは便利《べんり》だ。（形容動詞《けいようどうし》）
- ・兄《あに》は、高校生《こうこうせい》だ。（高校生《こうこうせい》＋だ）〈名詞《めいし》〉

- ○この道具《どうぐ》は、とても便利《べんり》だ。
- ×兄《あに》は、とても高校生《こうこうせい》だ。

- ○便利《べんり》な道具《どうぐ》。
- ×高校生《こうこうせい》な兄《あに》。
（○高校生《こうこうせい》の兄《あに》。）

〜のような言葉《ことば》をつけて自然《しぜん》なら形容動詞《けいようどうし》、×なら「名詞《めいし》＋だ」だよ。

④形容動詞《けいようどうし》の活用《かつよう》の例《れい》

静《しず》かだ
- 静《しず》かだろう
- 静《しず》かだった
- 静《しず》かでない
- 静《しず》かになる
- 静《しず》かだ
- 静《しず》かなとき
- 静《しず》かならば

きれいです
- きれいでしょう
- きれいでした
- きれいです

形容詞《けいようし》と同《おな》じように、形容動詞《けいようどうし》にも命令形《めいれいけい》はないよ。

用言《ようげん》

▼これまで見《み》てきた「動詞《どうし》・形容詞《けいようし》・形容動詞《けいようどうし》」のことを**用言《ようげん》**という。

「連用修飾語《れんようしゅうしょくご》」は、「用言《ようげん》を修飾《しゅうしょく》する言葉《ことば》」ということで、つまり、この三《みっ》つの品詞《ひんし》をふくむ文節《ぶんせつ》をくわしくする言葉《ことば》だということだ。

知っトク

◆国語辞典《こくごじてん》での形容動詞《けいようどうし》の見出《みだ》し

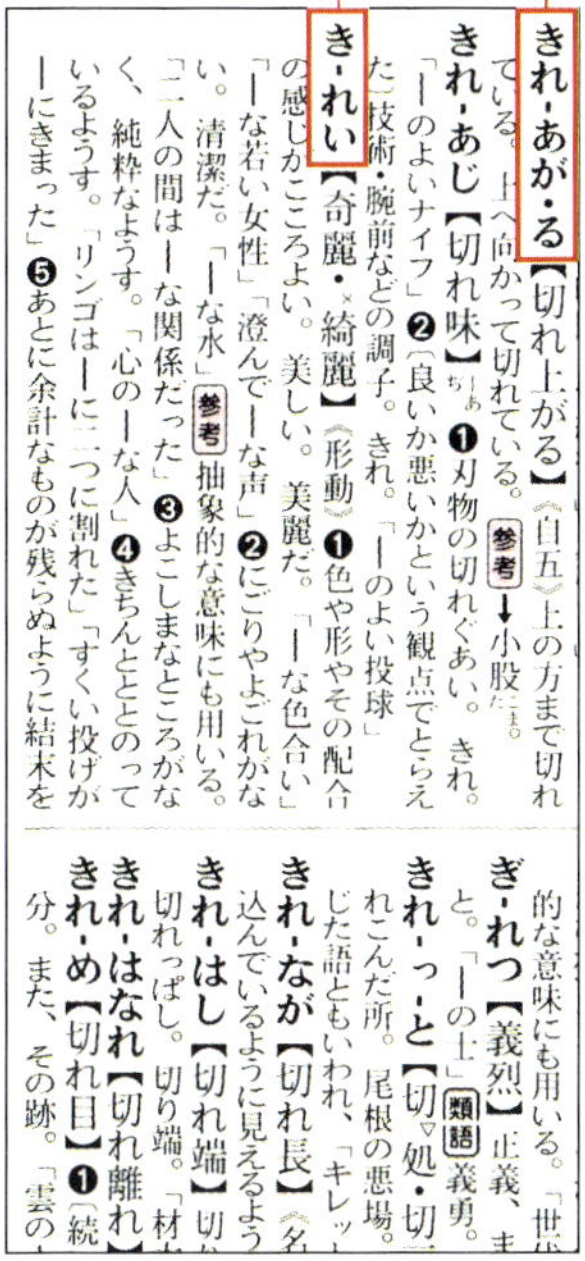
きれ・あが・る【切れ上がる】《自五》上の方まで切れている。上へ向かって切れている。参考↓小股《こまた》。
きれ・あじ【切れ味】❶刃物の切れぐあい。きれ。「―のよいナイフ」❷〔良いか悪いかという観点でとらえた〕技術・腕前などの調子。きれ。「―のよい投球」
き・れい【奇麗・×綺麗】《形動》❶色や形やその配合の感じがこころよい。美しい。美麗だ。「―な色合い」「―な若い女性」「澄んで―な声」❷にごりやよごれがない。清潔だ。「―な水」参考抽象的な意味にも用いる。「二人の間は―な関係だった」❸よこしまなところがなく、純粋なようす。「心の―な人」❹きちんとととのっているようす。「リンゴは―に二つに割れた」「すくい投げが―にきまった」❺あとに余計なものが残らぬように結末を

的な意味にも用いる。「世
ぎ・れつ【義烈】正義、ま
と。「―の士」類語義勇。
きれ・っ・と【切▽処・切
れこんだ所。尾根の悪場。
じた語ともいわれ、「キレッ
きれ・なが【切れ長】《名
込んでいるように見えるよう
きれ・はし【切れ端】切
切れっぱし。切り端。「材
きれ・はなれ【切れ離れ】
きれ・め【切れ目】❶〔続
分。また、その跡。「雲の

（学研《がっけん》『現代新国語辞典《げんだいしんこくごじてん》』改訂第三版《かいていだいさんばん》より）

▼活用《かつよう》する語《ご》は、言《い》い切《き》りの形《かたち》でのっているのがふつう（例 きれあがる【切《き》れ上《あ》がる】）だが、形容《けいよう》動詞《どうし》は、「きれいだ→きれい」のように、言《い》い切《き》りの「だ」のすぐ前《まえ》までの形《かたち》でのっている。

「静《しず》かだ」について、自分《じぶん》の持《も》っている辞典《じてん》で調《しら》べてみてくださいね。

名《めい》詞《し》

7階《かい》、「名詞《めいし》」の学習《がくしゅう》広場《ひろば》です!!

① 活用《かつよう》しない自立語《じりつご》。「が・は・も」などの付属語《ふぞくご》といっしょになって、またはそれだけで主語《しゅご》になることができる。

例
雨《あめ》が降《ふ》る。〈主語《しゅご》〉（名詞《めいし》＋が）
心《こころ》ときめく。〈主語《しゅご》〉（単独《たんどく》）

② ものの名前《なまえ》や事《こと》がらなどを表《あらわ》す。

例
・机《つくえ》がある。（もの）
・イギリスへ留学《りゅうがく》する。（国名《こくめい》）
・切手《きって》が五枚《ごまい》ある。（数量《すうりょう》）
・なやみは深《ふか》い。（事《こと》がら）

③ 主語《しゅご》以外《いがい》にも、付属語《ふぞくご》といっしょになって、いろいろな働《はたら》きをする。

例
・あれは、郵便局《ゆうびんきょく》だ。（述語《じゅつご》）
・妹《いもうと》のハンカチを借《か》りる。（修飾語《しゅうしょくご》）
・子《こ》どもだが、しっかりしている。（接続語《せつぞくご》）
・希望《きぼう》、わたしの最《もっと》も好《す》きな言葉《ことば》だ。（独立語《どくりつご》）

④ 名詞《めいし》の種類《しゅるい》

① **普通名詞《ふつうめいし》**　広《ひろ》く、あるものや事《こと》がらを表《あらわ》すもの。
例 本《ほん》・いす・山《やま》・草《くさ》・テニス・平和《へいわ》・気持《きも》ち

② **固有名詞《こゆうめいし》**　特定《とくてい》のものや事物《じぶつ》の名前《なまえ》。
例 宮沢賢治《みやざわけんじ》
フランス
富士山《ふじさん》
太平洋《たいへいよう》

きみの名前《なまえ》も、りっぱな固有名詞《こゆうめいし》だよ。

③**数詞《すうし》** 数量《すうりょう》・順序《じゅんじょ》を表《あらわ》すもの。

例 二《ふた》つ・三番目《さんばんめ》・五台《ごだい》・七冊《ななさつ》・十《じゅう》リットル

④**形式名詞《けいしきめいし》** 名詞《めいし》としての本来《ほんらい》の意味《いみ》はうすく、すぐ前《まえ》にくる修飾語《しゅうしょくご》の意味《いみ》を補《おぎな》う。

例
・泳《およ》ぐことはできない。
・今《いま》着《つ》いたところです。
・世《よ》の中《なか》は、そうあまいものではない。

注意

◆形式名詞《けいしきめいし》と同《おな》じ形《かたち》の普通名詞《ふつうめいし》（②が普通名詞《ふつうめいし》）

①つらいときこそ笑顔《えがお》が大切《たいせつ》だ。
②あっという間《ま》に時《とき》がたつ。

①五分前《ごふんまえ》に来《き》たところです。
②おばが住《す》んでいる所《ところ》。

①母《はは》の言《い》うとおりだった。
②この通《とお》りはにぎやかだ。

形式名詞《けいしきめいし》はひらがなで書《か》くことが多《おお》いよ。

⑤**代名詞《だいめいし》** 人《ひと》・もの・場所《ばしょ》・方向《ほうこう》などを指《さ》し示《しめ》すもの。

例
・ぼくは小学生《しょうがくせい》だ。（人《ひと》）
・これは父《ちち》のかばんだ。（もの）
・そこにすわって話《はな》そう。（場所《ばしょ》）
・あっちへ行《い》くと川《かわ》がある。（方向《ほうこう》）

◆代名詞《だいめいし》の種類《しゅるい》

㋐人《ひと》を指《さ》し示《しめ》す代名詞《だいめいし》

自分《じぶん》を指《さ》す	わたし・ぼく・わたくし（私《わたくし》）
相手《あいて》を指《さ》す	あなた・きみ（君《きみ》）
自分《じぶん》・相手《あいて》以外《いがい》を指《さ》す	このかた・そのかた・あのかた・かれ・かの女《じょ》
指《さ》す人《ひと》がわからないとき	どのかた・どなた

㋑ 物事《ものごと》などを指《さ》し示《しめ》す代名詞《だいめいし》

物事《ものごと》	これ	それ	あれ	どれ
場所《ばしょ》	ここ	そこ	あそこ	どこ
方向《ほうこう》	こちら こっち	そちら そっち	あちら あっち	どちら どっち

体言《たいげん》

▼「名詞《めいし》」のことを、「用言《ようげん》」に対《たい》して**体言《たいげん》**とよんでいる。

「連体修飾語《れんたいしゅうしょくご》」は「体言《たいげん》を修飾《しゅうしょく》する言葉《ことば》」ということだよ。

「体言《たいげん》」は一《ひと》つだけだから、体言《たいげん》＝名詞《めいし》と覚《おぼ》えてしまおう!!

5 名詞《めいし》のでき方《かた》

① 動詞《どうし》からできたもの

例 働《はたら》く→働《はたら》き　動《うご》く→動《うご》き
登《のぼ》る→登《のぼ》り　許《ゆる》す→許《ゆる》し

② 形容詞《けいようし》からできたもの

例 さびしい→さびしさ　寒《さむ》い→寒《さむ》さ
悲《かな》しい→悲《かな》しみ

③ 二《ふた》つ以上《いじょう》の単語《たんご》が組《く》み合《あ》わさったもの

例 雪《ゆき》＋山《やま》→雪山《ゆきやま》
休《やす》む＋時間《じかん》→休《やす》み時間《じかん》
早《はや》い＋起《お》きる→早起《はやお》き

③のような名詞《めいし》のことを「複合語《ふくごうご》」っていうよ。

④ 正式《せいしき》な言《い》い方《かた》を略《りゃく》したもの（略語《りゃくご》）

例 国民体育大会《こくみんたいいくたいかい》→国体《こくたい》
コンビニエンスストア→コンビニ

副《ふく》詞《し》

6階《かい》、「副詞《ふくし》」のコーナーで〜す。
①②③④⑤⑥⑦

❶ 活用《かつよう》しない自立語《じりつご》。主《おも》に用言《ようげん》を修飾《しゅうしょく》する。

例
・兄《あに》は、ゆっくり話《はな》す。〈動詞《どうし》〉
・ここから、かなり遠《とお》い。〈形容詞《けいようし》〉
・これは、とても便利《べんり》だ。〈形容動詞《けいようどうし》〉

❷ 副詞《ふくし》の種類《しゅるい》

①状態《じょうたい》を表《あらわ》す。主《おも》に動詞《どうし》を修飾《しゅうしょく》する。

例 ・赤《あか》ちゃんが、すやすやねむる。〈どのように〉

なかま ふわふわ・ころころ・のんびり・たちまち・ガタガタ・ワンワン

②程度《ていど》を表《あらわ》す。体言《たいげん》や、ほかの副詞《ふくし》を修飾《しゅうしょく》することもある。

例 ・とても寒《さむ》い。〈用言《ようげん》〉　・ずっと前《まえ》。〈体言《たいげん》〉
・もっとゆっくり歩《ある》いて。〈副詞《ふくし》〉

なかま ずいぶん・かなり・だんだん・やや

③下《した》に決《き》まった言《い》い方《かた》がくるもの。その言《い》い方《かた》と結《むす》び付《つ》いて、文《ぶん》に意味《いみ》をそえる。

例
・弟《おとうと》は、たぶんおくれるだろう。（推量《すいりょう》）
・もしあした晴《は》れたら…。
・たとえあした晴《は》れても…。（仮定《かてい》）
・まるでお祭《まつ》りのようだ。（たとえ）
・決《けっ》して開《あ》けないように。（打《う》ち消《け》し）
・どうかお許《ゆる》しください。（願《ねが》い）

□と〜〜部《ぶ》は、ひと組《く》みにして覚《おぼ》えるといいよ。

連《れん》体《たい》詞《し》

①②③④⑤⑥⑦⑧⑨⑩
5階《かい》、「連体詞《れんたいし》」のコーナーですよ!!

① 活用《かつよう》しない自立語《じりつご》。

連体修飾語《れんたいしゅうしょくご》としてのみ使《つか》われ、「どの・どんな」を表《あらわ》す。

例 大《おお》きな→建物《たてもの》。 ある→国《くに》。 その→本《ほん》。

体言《たいげん》(名詞《めいし》)を修飾《しゅうしょく》するのが、「連体修飾語《れんたいしゅうしょくご》」よね。

② 連体詞《れんたいし》の種類《しゅるい》

① 「〜の」の形《かたち》の「こそあど言葉《ことば》」

・この人《ひと》。 ・そのかさ。 ・あの話《はなし》。

・どの本《ほん》にする?

② 「〜な」の形《かたち》

・小《ちい》さな川《かわ》。 ・いろんな植物《しょくぶつ》。

・おかしな話《はなし》。

注意 ◆形容動詞《けいようどうし》の「〜な」と区別《くべつ》!!

㋐きれいな花《はな》……○花《はな》はきれいだ。

㋑大《おお》きな花《はな》……×花《はな》は大《おお》きだ。

㋐は活用《かつよう》して「きれいだ」とできるけど、㋑の連体詞《れんたい》は活用《かつよう》できないよ。

③ 「〜る」の形《かたち》

・ある人《ひと》。 ・あらゆる方法《ほうほう》。

注意 ◆動詞《どうし》の「ある」と区別《くべつ》!!

・そこにある本《ほん》は、姉《あね》のだ。

→「存在《そんざい》する」の意味《いみ》なので動詞《どうし》。

接《せつ》続《ぞく》詞《し》

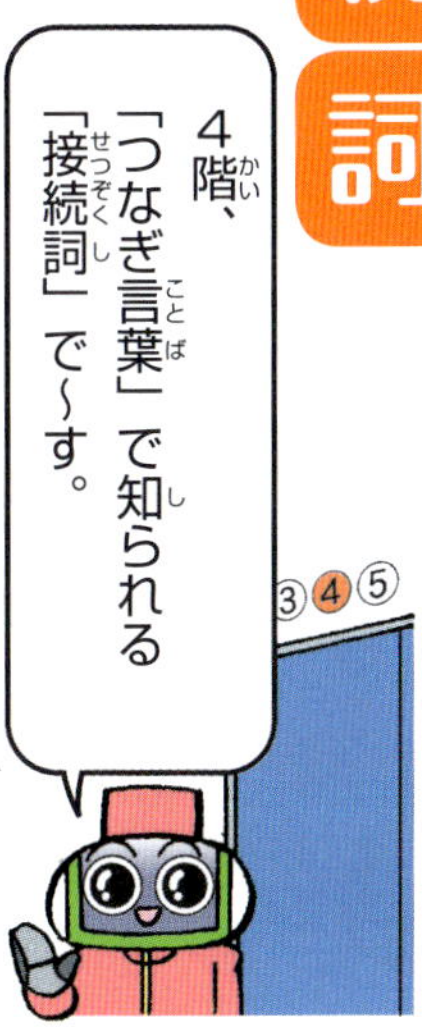
4階《かい》、「つなぎ言葉《ことば》」で知《し》られる「接続詞《せつぞくし》」で～す。
③④⑤

❶ 活用《かつよう》しない自立語《じりつご》。それだけで接続語《せつぞくご》として働《はたら》き、前後《ぜんご》の文《ぶん》や文節《ぶんせつ》などをつなぐ。

❷ 接続詞《せつぞくし》の種類《しゅるい》

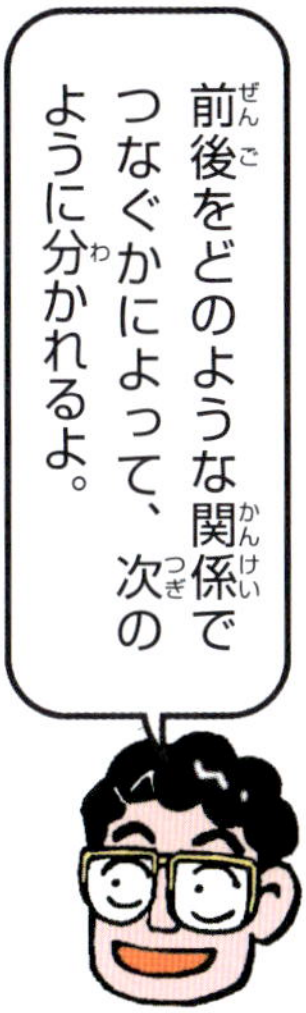
前後《ぜんご》をどのような関係《かんけい》でつなぐかによって、次《つぎ》のように分《わ》かれるよ。

①前《まえ》のことを原因《げんいん》・理由《りゆう》として、その結果《けっか》をあとにつなぐ。

例・かぜをひいた。だから、薬《くすり》を飲《の》んだ。

なかま それで・すると・そこで・したがって・それゆえ

②前《まえ》の内容《ないよう》から予想《よそう》されることとは逆《ぎゃく》の内容《ないよう》をあとにつなぐ。

例・とてもつかれた。しかし、休《きゅう》けいしなかった。

なかま けれども・ところが・だが・でも

③前《まえ》のことに並《なら》べたり、つけ加《くわ》えたりする。

例・風《かぜ》が強《つよ》くなった。また、雨《あめ》も降《ふ》ってきた。

なかま しかも・なお・そして・そのうえ・および

④前後《ぜんご》を比《くら》べたり、一方《いっぽう》を選《えら》んだりする。

例・おみやげは、ケーキ、またはプリンがいい。

なかま それとも・あるいは・いっぽう

⑤前《まえ》の内容《ないよう》について、説明《せつめい》・補足《ほそく》をする。

例・妹《いもうと》は来《こ》ない。なぜなら、熱《ねつ》があるからだ。

なかま つまり・ただし・すなわち・要《よう》するに

⑥話題《わだい》を変《か》える。

例・説明《せつめい》を終《お》わります。では、質問《しつもん》をどうぞ。

なかま さて・ところで・ときに

感《かん》動《どう》詞《し》

3階《がい》、「感《かん》動《どう》詞《し》」を見《み》ていきましょう!!
③④⑤

① 活《かつ》用《よう》しない自《じ》立《りつ》語《ご》。単《たん》独《どく》で、独《どく》立《りつ》語《ご》になる。

「独《どく》立《りつ》語《ご》」とは、どの文《ぶん》節《せつ》とも関《かん》係《けい》をもたない文《ぶん》節《せつ》のことだったね。

② 感《かん》動《どう》詞《し》の種《しゅ》類《るい》

① 感《かん》動《どう》

例
ああ・おや
まあ・やあ
あら・おお

・ああ、すばらしい。
・あら、ごめんなさい。
下《した》の文《ぶん》節《せつ》に係《かか》ったりしていないわね。

② 呼《よ》びかけ

例 ・ねえ、いっしょに歌《うた》おうよ。
・やあ、久《ひさ》しぶりだね。

なかま おい・あのう・さあ・もしもし

③ 応《おう》答《とう》

例 ・はい、小《お》川《がわ》です。

なかま いいえ・ええ・うん・いや

④ あいさつ

例 ・おはよう・こんばんは・ありがとう

⑤ かけ声《ごえ》

例 ・それ・えい・よいしょ・どっこいしょ

注意 ◆副《ふく》詞《し》と区《く》別《べつ》!!

ⓐ ああ、美《うつく》しいなあ。
ⓑ ああすればよかった。

ⓐ まあ、きれいな花《はな》。
ⓑ まあいいだろう。

ⓐが感《かん》動《どう》詞《し》だよ。ⓑの副《ふく》詞《し》は、〜〜の文《ぶん》節《せつ》に係《かか》っているね。

助《じょ》動《どう》詞《し》

2階《かい》、「助動詞《じょどうし》」の広場《ひろば》です!!
①②③④⑤⑥⑦

❶ **活用《かつよう》する付属語《ふぞくご》。**主《おも》に用言《ようげん》（動詞《どうし》・形容詞《けいようし》・形容動詞《どうし》）について意味《いみ》を補《おぎな》ったり、話《はな》し手《て》・書《か》き手《て》の判断《はんだん》を表《あらわ》したりする。

例 ・今年《ことし》こそ、海《うみ》に行《い》きたい。〈言《い》い切《き》りの形《かたち》〉
〈動詞《どうし》〉〈希望《きぼう》〉

たい
・行《い》きたかろう。
・行《い》きたかった。
・行《い》きたくなる。
・行《い》きたい人《ひと》。
・行《い》きたければ行《い》く。

□の形《かたち》が変《か》わっているね。つまり、活用《かつよう》しているってことだ。

❷ いろいろな助動詞《じょどうし》

① れる・られる　さまざまな意味《いみ》をそえる。

・兄《あに》にからかわれる。
・犬《いぬ》に追《お》いかけられる。
〈受《う》け身《み》〉

・去年《きょねん》のことが思《おも》い出《だ》される。
・とてもうれしく感《かん》じられる。
〈自発《じはつ》〉

・一人《ひとり》では行《い》かれない。
・まだまだ着《き》られる。
〈可能《かのう》〉

・先生《せんせい》が車《くるま》に乗《の》られる。
・先生《せんせい》が外《そと》に出《で》られる。
〈尊敬《そんけい》〉

「受《う》け身《み》」は、人《ひと》から何《なに》かをされる、ということだよ。

「自発《じはつ》」は、自然《しぜん》にそうなる、という意味《いみ》だよ。覚《おぼ》えておこう!

② せる・させる　人《ひと》に何《なに》かをさせることを表《あらわ》す。

・姉《あね》が、妹《いもうと》に色《いろ》をぬらせる。
〈「ぬる」のは妹《いもうと》。〉

・先生《せんせい》が、みんなに方法《ほうほう》を考《かんが》えさせる。
〈「考《かんが》える」のはみんな。〉

③単語の種類と働き

③たい・たがる 「希望《きぼう》」を表《あらわ》す。

・夏休《なつやす》みは、海《うみ》に行《い》きたい。
・弟《おとうと》は、何《なん》でも知《し》りたがる。

④ない・ぬ（ん） 「打《う》ち消《け》し」を表《あらわ》す。

・わたしは、知《し》らない。
・わしは、知《し》らぬ（ん）。
・わたしは、知《し》りません。

「…ます」を打《う》ち消《け》すときは、「…ますない」ではなく「ん」を使《つか》うよ。

「ぬ（ん）」は、古《ふる》い言《い》い回《まわ》しのときに使《つか》われることが多《おお》いです。

⑤た いろいろな意味《いみ》をそえる。

・昨日《きのう》は、すずしかった。〈過去《かこ》〉
・今《いま》、終《お》わったところだ。〈完了《かんりょう》〉
・これは、あなたのでしたね。〈確《たし》かめ〉
・クレヨンでかいた絵《え》。〈存続《そんぞく》〉

「完了《かんりょう》」は、物事《ものごと》がすんだ、という意味《いみ》です。

⑥ます 「ていねいな気持《きも》ち」を表《あらわ》す。

・ぼくが運《はこ》びます。
・わたしが運《はこ》びましょう。

⑦だ・です 断定《だんてい》の意味《いみ》を表《あらわ》す。

・あそこは、放送局《ほうそうきょく》だ。
・姉《あね》は、大学生《だいがくせい》です。

⑧う・よう いろいろな意味《いみ》をそえる。

・ぼくも帰《かえ》ろう。
・もっと勉強《べんきょう》しよう。〈意志《いし》〉
・午後《ごご》には晴《は》れるだろう。
・母《はは》が来《こ》ようとは思《おも》わなかった。〈推量《すいりょう》〉
・みんなで歌《うた》おう。
・いっしょに出《で》よう。〈さそい〉

「…だろう」の「う」は、「だろ＋う」ですね。

だろは助動詞《じょどうし》「だ」の活用《かつよう》した形《かたち》です。

助動詞《じょどうし》は、ほかの助《じょ》動詞《どうし》につくことも多《おお》いよ。

⑨らしい 確《たし》かでないことを表《あらわ》す。

・台風《たいふう》が来《く》るらしい。
・向《む》こうから来《く》るのは、父《ちち》らしい。

⑩ようだ・ようです いろいろな意味《いみ》をそえる。

・姉《あね》も参加《さんか》するようだ。〈不確《ふたし》かなこと〉
・まるで宝石《ほうせき》のようです。〈たとえ〉
・先生《せんせい》のような人間《にんげん》になりたい。〈例示《れいじ》〉

⑪そうだ・そうです 不確《ふたし》かなことや、伝聞《でんぶん》（人《ひと》から聞《き》いたことを伝《つた》える）だということを表《あらわ》す。

・明日《あす》は、雪《ゆき》が降《ふ》りそうだ。
・ねだんが高《たか》そうです。〈不確《ふたし》かなこと〉
・明日《あす》は、雪《ゆき》が降《ふ》るそうだ。
・ねだんが高《たか》いそうです。〈伝聞《でんぶん》〉

⑫まい ㋐「…しないだろう」、㋑「…しないと心《こころ》にちかう」の意味《いみ》を表《あらわ》す。

・もう、会《あ》えることはあるまい。〈㋐〉
・二度《にど》と会《あ》うまいと決心《けっしん》した。〈㋑〉

「助動詞《じょどうし》」のコーナー、広《ひろ》かったね。こんなにたくさんあるなんて、おどろいちゃったなあ…。
付属語《ふぞくご》とはいっても、文《ぶん》に意味《いみ》をもたせる大切《たいせつ》な役割《やくわり》をしているんだよ。

助詞《じょし》

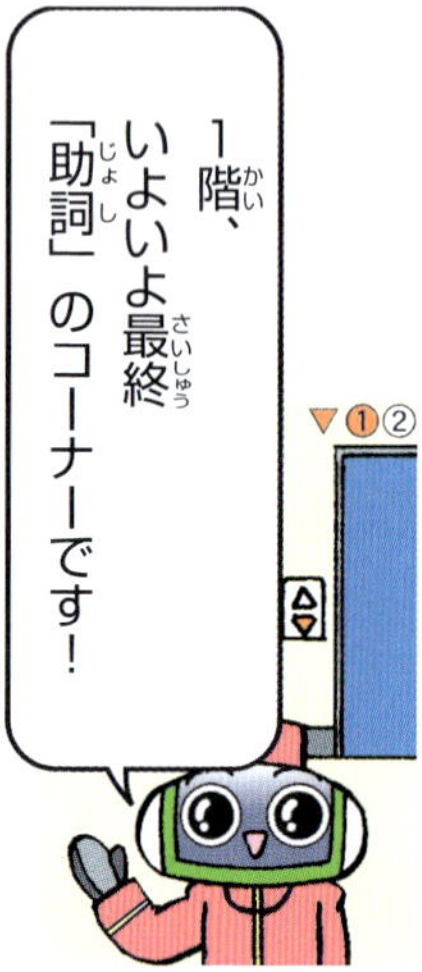
▼①②
1階《かい》、いよいよ最終《さいしゅう》「助詞《じょし》」のコーナーです！

❶活用《かつよう》しない付属語《ふぞくご》。さまざまな単語《たんご》について、いろいろな働《はたら》きをする。

・切《き》ったた野菜《やさい》がお母《かあ》さんを洗《あら》う。〈助詞《じょし》〉

そんなバカな！

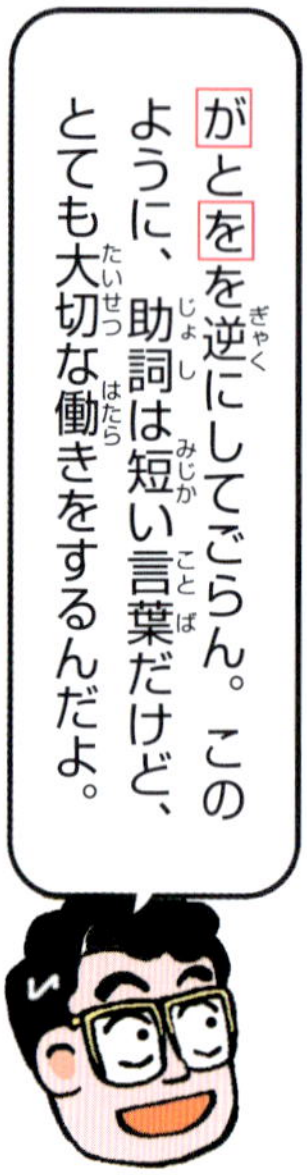
がとをを逆《ぎゃく》にしてごらん。このように、助詞《じょし》は短《みじか》い言葉《ことば》だけど、とても大切《たいせつ》な働《はたら》きをするんだよ。

❷助詞《じょし》の種類《しゅるい》…大《おお》きく四《よっ》つに分《わ》かれる。

①**格助詞《かくじょし》**　主《おも》に体言《たいげん》（名詞《めいし》）について、その文節《ぶんせつ》とほかの文節《ぶんせつ》との関係《かんけい》を示《しめ》す。

例
・わたしが行《い》く。〈主語《しゅご》〉
・りんごを買《か》う。〈対象《たいしょう》〉
・都会《とかい》に住《す》む。〈場所《ばしょ》〉
・プラスチックで作《つく》る。〈材料《ざいりょう》〉
・明日《あす》から始《はじ》まる。〈起点《きてん》〉
・兄《あに》より足《あし》が大《おお》きい。〈比《くら》べるもと〉

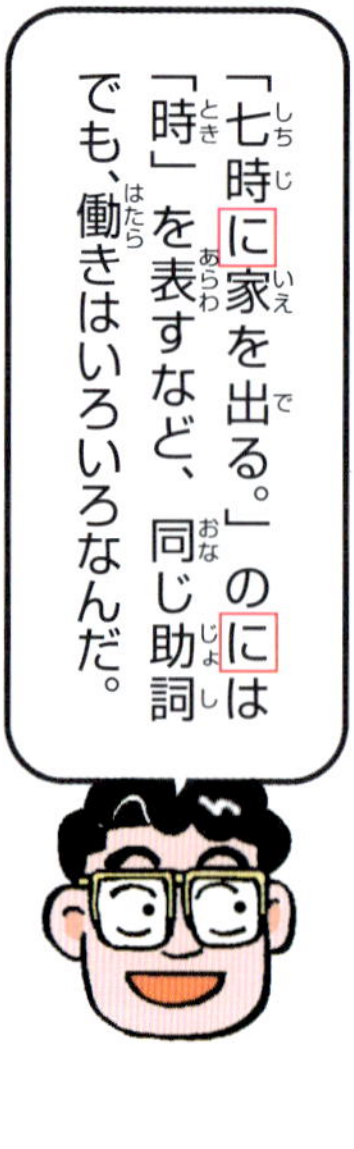
「七時《しちじ》に家《いえ》を出《で》る。」のには「時《とき》」を表《あらわ》すなど、同《おな》じ助詞《じょし》でも、働《はたら》きはいろいろなんだ。

②**接続助詞《せつぞくじょし》**　主《おも》に活用《かつよう》する言葉《ことば》につき、前後《ぜんご》の文《ぶん》や文節《ぶんせつ》を、いろいろな関係《かんけい》でつなぐ。「接続詞《せつぞくし》」と同《おな》じような働《はたら》きをするものが多《おお》い。

▼接続詞《せつぞくし》の「だから・すると・それで」などと似《に》た働《はたら》きをする。

例
・寒《さむ》いので、上着《うわぎ》をはおった。
・台風《たいふう》が来《く》ると、川《かわ》が増水《ぞうすい》する。
・重《おも》くて、持《も》てない。

▼接続詞《せつぞくし》の「しかし・けれども・だが」などと似《に》た働《はたら》きをする。

例
・つかれたが、休《やす》まない。
・いくら呼《よ》んでも、ふり向《む》かない。
・知《し》っているのに、教《おし》えてくれない。

▼接続詞《せつぞくし》の「そして・また・それから」などと似《に》た働《はたら》きをする。

例
・風《かぜ》が強《つよ》いし、雨《あめ》も降《ふ》っている。
・買《か》い物《もの》を終《お》えて、家《いえ》に帰《かえ》る。
・味《あじ》が良《よ》くて、安《やす》い。

上《うえ》の接続助詞《せつぞくじょし》を使《つか》った文《ぶん》は、接続詞《せつぞくし》を使《つか》って二《ふた》つの文《ぶん》にすることができるよ。

・寒《さむ》いので、上着《うわぎ》をはおった。（一《ひと》つの文《ぶん》）
・寒《さむ》い。だから、上着《うわぎ》をはおった。（二《ふた》つの文《ぶん》）

接続助詞《せつぞくじょし》を使《つか》った〜〜の部分《ぶぶん》は、「接続語《せつぞくご》」よ。

▼補助《ほじょ》（形式《けいしき》）動詞《どうし》の直前《ちょくぜん》につく。

例
・本《ほん》が置《お》いてある。
・先生《せんせい》に聞《き》いてみる。
・全部《ぜんぶ》飲《の》んでしまう。

※〜〜が補助《ほじょ》（形式《けいしき》）動詞《どうし》。

〈注〉本来《ほんらい》は「て」だが、「飲《の》む・飛《と》ぶ・転《ころ》ぶ・読《よ》む」などにつくときは「で」とにごる。

③副助詞《ふくじょし》 いろいろな言葉《ことば》について、意味《いみ》をつけ加《くわ》える。

例
・明日《あす》こそ早《はや》く起《お》きよう。〈強調《きょうちょう》〉
・もう一《ひと》つしか残《のこ》っていない。〈限定《げんてい》〉
・牛乳《ぎゅうにゅう》でも飲《の》もうかな。〈例示《れいじ》〉
・駅《えき》まで五分《ごふん》ほどかかる。〈程度《ていど》〉
・風《かぜ》ばかりか、雨《あめ》さえ降《ふ》り出《だ》した。〈つけ加《くわ》え〉
・一個千円《いっこせんえん》もする。〈強調《きょうちょう》〉
・これは、母《はは》のかさです。〈主語《しゅご》〉

がも主語《しゅご》を作《つく》るけど、主語《しゅご》を作《つく》るがは「格《かく》助詞《じょし》」のなかまです。

④終助詞《しゅうじょし》 文《ぶん》や文節《ぶんせつ》の終《お》わりについて、話《はな》し手《て》や書《か》き手《て》のいろいろな気持《きも》ちを表《あらわ》す。

例
・この話《はなし》は本当《ほんとう》だろうか。〈疑問《ぎもん》〉
・いっしょに行《い》かないか。〈さそい〉
・きれいな花《はな》だなあ。〈感動《かんどう》〉
・ねえ、どこへ行《い》くの。〈質問《しつもん》〉
・わたしはほしくないの。〈主張《しゅちょう》〉
・ほかの人《ひと》には言《い》うな。〈禁止《きんし》〉
・絶対《ぜったい》、大《だい》じょうぶだよ。〈強調《きょうちょう》〉

一《ひと》つの助詞《じょし》が二《ふた》つ以上《いじょう》の意味《いみ》を表《あらわ》すことも多《おお》いので、文全体《ぶんぜんたい》の意味《いみ》から区別《くべつ》するんだよ。
さ～て、次《つぎ》のページに10の品詞《ひんし》を表《ひょう》にまとめてみましたよ。各品詞《かくひんし》の特《とく》ちょうがひとめでわかりますよ!!よ～く見《み》ておいてね。

品詞分類表《ひんしぶんるいひょう》

- 単語《たんご》
  - 自立語《じりつご》
    - 活用《かつよう》する — 用言《ようげん》
      - 動作《どうさ》・作用《さよう》・存在《そんざい》を表《あらわ》す — ウ段《だん》の音《おん》で終《お》わる — **動詞《どうし》**
      - 性質《せいしつ》・状態《じょうたい》を表《あらわ》す
        - 「い」で終《お》わる — **形容詞《けいようし》**
        - 「だ・です」で終《お》わる — **形容動詞《けいようどうし》**
    - 活用《かつよう》しない
      - 体言《たいげん》 — ものの名前《なまえ》や事《こと》がらなどを表《あらわ》す — **名詞《めいし》**
      - 修飾語《しゅうしょくご》になる
        - 主《おも》に用言《ようげん》を修飾《しゅうしょく》する — **副詞《ふくし》**
        - 体言《たいげん》だけを修飾《しゅうしょく》する — **連体詞《れんたいし》**
      - 接続語《せつぞくご》になる — 文《ぶん》や文節《ぶんせつ》などをつなぐ — **接続詞《せつぞくし》**
      - 独立語《どくりつご》になる — 感動《かんどう》・呼《よ》びかけ・応答《おうとう》・あいさつなどを表《あらわ》す — **感動詞《かんどうし》**
  - 付属語《ふぞくご》
    - 活用《かつよう》する — 意味《いみ》をつけ加《くわ》えたり、話《はな》し手《て》の判断《はんだん》を表《あらわ》したりする — **助動詞《じょどうし》**
    - 活用《かつよう》しない — 語《ご》と語《ご》の関係《かんけい》を示《しめ》したり、意味《いみ》をつけ加《くわ》えたりする — **助詞《じょし》**

おおー、もうすっかり日《ひ》が暮《く》れてしまったね。
こんなに長《なが》くデパートにいたのは、はじめてよ…。
こんなにおなかがペコペコなのもはじめて…！
二人《ふたり》ともよくがんばったから、今晩《こんばん》はごちそうしよう！
ヤッター!!
おじさん、中華料理《ちゅうかりょうり》にしない？ここから五分《ごふん》で行《い》けるんだけど…。
ゲンゴくん、さっそく可能動詞《かのうどうし》を使《つか》ってますよ。

わぁ、どれもおいしそうだわ。迷《まよ》っちゃうな。
この店《みせ》は、ギョーザがおいしいそうだよ。
二人《ふたり》ともそうだを使《つか》っているけれど、働《はたら》きのちがいがわかるかな？
エー!! そんなの意識《いしき》してなかったよ！
単語《たんご》の区別《くべつ》は中学入試《ちゅうがくにゅうし》、必出事項《ひっしゅつじこう》ですよ！
では、ここで、入試《にゅうし》によく出《で》る〝単語《たんご》の区別《くべつ》〟をまとめてみよう。
ファイト！
ナント夕食《ゆうしょく》おあずけ〜!?
よく覚《おぼ》えておかなくちゃ!!

得点《とくてん》UP《アップ》コーチ

1 意味《いみ》の区別《くべつ》① ――れる・られる

- 受《う》け身《み》
- 自発《じはつ》
- 可能《かのう》
- 尊敬《そんけい》

四《よっ》つも意味《いみ》があるから、まぎらわしいね…。
ちょっとしたコツをつかめば大《だい》じょうぶさ!!

①**受《う》け身《み》**

・弟《おとうと》が、母《はは》にしかられる。

・満員電車《まんいんでんしゃ》で、足《あし》をふまれる。（だれかに）

※「だれかに」を表《あらわ》す言葉《ことば》（～～）があるか、「だれかに」を補《おぎな》うことができる。

②**自発《じはつ》**

・祖母《そぼ》のことが思《おも》い出《だ》される。

・いっそうつらく感《かん》じられる。

※「れる・られる」の前《まえ》にくるのは、心《こころ》の動《うご》きや感情《かんじょう》などを表《あらわ》す動詞《どうし》がふつう。

③**可能《かのう》**

・母《はは》は、もう十分《じっぷん》で出《で》られるそうだ。→出《で》ることができる。

・このセーターは、まだまだ着《き》られる。→着《き》ることができる。

※「…れる・られる」を「…することができる」と言《い》いかえられる。

④**尊敬《そんけい》**

・先生《せんせい》が乗《の》られる。

・市長《しちょう》は、午後《ごご》から出《で》かけられる予定《よてい》です。

「れる・られる」のついている動作《どうさ》をうやまっていれば「尊敬《そんけい》」よね。

2 意味《いみ》の区別《くべつ》② ——— ようだ

① 不確《ふたし》かなこと

どうやら

・弟《おとうと》は、かぜをひいたようだ。

・明日《あす》は、雨《あめ》が降《ふ》るようだ。
→降《ふ》るらしい。

※「どうやら」を補《おぎな》ったり、「ようだ」を「らしい」に言《い》いかえたりすることができる。

② たとえ

まるで

・にぎやかで、お祭《まつ》りのようだ。

※「まるで」を補《おぎな》える。

「まるで…のよう」は、たとえでよく使《つか》われます。

③ 例示《れいじ》

例《たと》えば

・大山《おおやま》くんのような強《つよ》い人間《にんげん》になりたい。

※「例《たと》えば」を補《おぎな》える。

3 意味《いみ》の区別《くべつ》③ ——— そうだ

① 不確《ふたし》かなこと

・兄《あに》は、一時間《いちじかん》ほどおくれそうだ。

・この池《いけ》は、深《ふか》そうだ。

② 伝聞《でんぶん》

・兄《あに》は、一時間《いちじかん》ほどおくれるそうだ。
→言《い》い切《き》りの形《かたち》。

・この池《いけ》は、深《ふか》いそうだ。
→言《い》い切《き》りの形《かたち》。

①・②の例文《れいぶん》、とてもよく似《に》ているね。

〜〜の部分《ぶぶん》に注目《ちゅうもく》!!「そうだ」の前《まえ》の言葉《ことば》が言《い》い切《き》りの形《かたち》でなければ不確《ふたし》か、言《い》い切《き》りなら伝聞《でんぶん》、と覚《おぼ》えよう!!

4 品詞《ひんし》の区別《くべつ》① ――― ない

①打《う》ち消《け》しの助動詞《じょどうし》

・ぼくは行《い》かない。→行《い》かぬ
・だれも知《し》らない。→知《し》らぬ
※「ない」を「ぬ」に言《い》いかえても文《ぶん》の意味《いみ》が変《か》わらない。

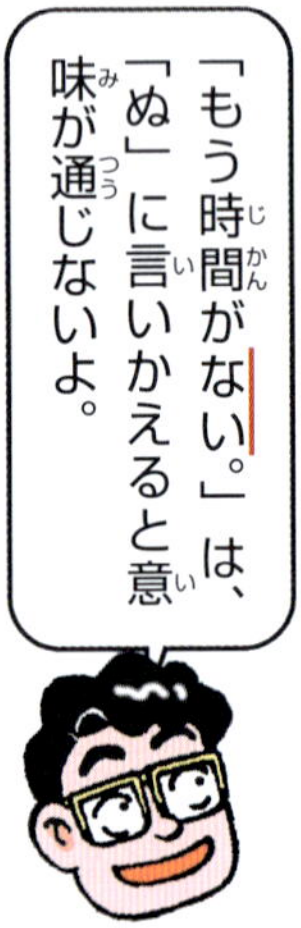
「もう時間《じかん》がない。」は、「ぬ」に言《い》いかえると意《い》味《み》が通《つう》じないよ。

②形容詞《けいようし》

・遊《あそ》んでいるひまはない。
・飲《の》み物《もの》が、何《なに》もない。
※「ない」だけで文節《ぶんせつ》を作《つく》れる。

「存在《そんざい》しない」という意《い》味《み》ならば形容詞《けいようし》です。

③補助《ほじょ》（形式《けいしき》）形容詞《けいようし》

・ちっともおもしろくない。
・この辺《あた》りは、静《しず》かでない。
※「存在《そんざい》しない」という意味《いみ》ではなく、上《うえ》の言葉《ことば》の意味《いみ》を打《う》ち消《け》している。

・少《すく》ない
・切《せつ》ない
・はかない
で、それぞれ一《ひと》つの形容詞《けいようし》だよ。

④形容詞《けいようし》の一部《いちぶ》

・少《すく》ない食《た》べ物《もの》を分《わ》け合《あ》う。
・切《せつ》ない気持《きも》ちになる。
・はかない夢《ゆめ》だった。

「ぬ」に置《お》きかえてみる方法《ほうほう》が、いちばんわかりやすいみたい。

5 品詞《ひんし》の区別《くべつ》② ―― らしい

① **助動詞《じょどうし》** 不確《ふたし》かなことを表《あらわ》す「らしい」

・午後《ごご》には、晴《は》れるらしい。

・父《ちち》はおそくなるらしい。

※「らしい」を「…と思《おも》われる」と言《い》いかえることができる。

※「午後《ごご》には、どうやら晴《は》れるらしい。」のように、「どうやら」を補《おぎな》うことができる。

② **形容詞《けいようし》の一部《いちぶ》**

・木村《きむら》くんは、とても男《おとこ》らしい。

「らしい」を「…としてふさわしい」と言《い》いかえられるよ。

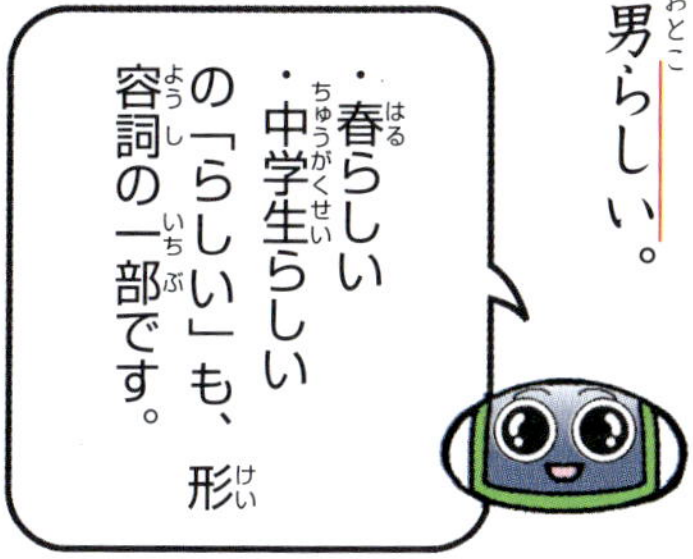
・春《はる》らしい
・中学生《ちゅうがくせい》らしい
の「らしい」も、形《けい》容詞《ようし》の一部《いちぶ》です。

6 品詞《ひんし》の区別《くべつ》③ ―― だ

① 友達《ともだち》とプールで泳《およ》いだ。 → 過去《かこ》の助動詞《じょどうし》「た」がにごったもの。

② 向《む》こうに見《み》えるのは、図書館《としょかん》だ。 → 断定《だんてい》の助動詞《じょどうし》。

③ この通《とお》りは、とてもにぎやかだ。 → 形容動詞《けいようどうし》の一部《いちぶ》。

④ 小川《おがわ》さんも、参加《さんか》するそうだ。
妹《いもうと》は、おなかがすいているようだ。 → 助動詞《じょどうし》の一部《いちぶ》。

①なら、必《かなら》ず活用《かつよう》語《ご》についているよ。
③なら、「にぎやかな」「にぎやかに」など、活用《かつよう》するね。

②なら、「だ」の前《まえ》が名詞《めいし》。

④はわかる!! 「だ」の前《まえ》が「そう」か「よう」!!

ギョーザ、お持《も》ちしました。
わあ、なんて大《おお》きなギョーザ!!
うーん、これは大《おお》きい!
えぇーっと、わたしの大《おお》きなは連体詞《れんたいし》よ!
ぼくの大《おお》きいはもちろん形容詞《けいようし》さ!
二人《ふたり》ともなかなかやるじゃないか!
単語《たんご》には、このように形《かたち》は似《に》ていても品詞《ひんし》のちがうものも多《おお》いよ。
小《ちい》さい小《ちい》さなも同《おな》じでしたよね。

ぼくに
動詞《どうし》の活用《かつよう》を
言《い》わせて
くださ〜い！
ハリキッテル〜
・もう食《た》べないと…。
・すぐに食《た》べます。
・ぼくは食《た》べる。
・食《た》べるときはしっかり。
・食《た》べればいつも元気《げんき》。
・今《いま》すぐ食《た》べろ!!
食《た》べるの
活用《かつよう》は、食事《しょくじ》の
さいそくだった
のか〜!!
わたしも、
もうおなか
ペコペコ…。
いっただき
ま〜す!!

たしかめドリル〈2〉

（答《こた》えは238ページ）

1 次《つぎ》の——線部《せんぶ》の単語《たんご》の品詞名《ひんしめい》をア〜コから選《えら》んで、それぞれ（　）に記号《きごう》で答《こた》えましょう。

(1) デパートの入《い》り口《ぐち》で母《はは》と待《ま》ち合《あ》わせる。（　）
(2) ああ、もうこんな時間《じかん》になってしまった。（　）
(3) 窓《まど》を開《あ》けて、外《そと》の空気《くうき》を入《い》れよう。（　）
(4) 目標達成《もくひょうたっせい》のためのあらゆる手段《しゅだん》を考《かんが》える。（　）
(5) 土曜日《どようび》に合唱《がっしょう》コンクールの地区予選《ちくよせん》がある。（　）
(6) 電車《でんしゃ》、あるいはバスで行《い》くことにする。（　）
(7) 一点差《いってんさ》で負《ま》け、くやしくてたまらない。（　）
(8) 教室《きょうしつ》いっぱいにほがらかな歌声《うたごえ》がひびく。（　）
(9) 世界中《せかいじゅう》のいろいろな国《くに》に行《い》ってみたい。（　）
(10) 東《ひがし》の空《そら》がほんのりと明《あか》るくなってきた。（　）

ア 動詞《どうし》　イ 形容詞《けいようし》　ウ 形容動詞《けいようどうし》
エ 名詞《めいし》　オ 副詞《ふくし》　カ 連体詞《れんたいし》　キ 接続詞《せつぞくし》
ク 感動詞《かんどうし》　ケ 助動詞《じょどうし》　コ 助詞《じょし》

2 次《つぎ》の単語《たんご》は、どのように活用《かつよう》しますか。○に合《あ》うひらがなを書《か》き入《い》れましょう。

(1) 書《か》く〈動詞《どうし》〉

① 日記《にっき》を書《か》○ない。　② 日記《にっき》を書《か》○ます。
③ 日記《にっき》を書《か》○た。　④ 日記《にっき》を書《か》○らしい。
⑤ 日記《にっき》を書《か》○こと。　⑥ 日記《にっき》を書《か》○ばいい。
⑦ 日記《にっき》を書《か》○。（命令《めいれい》）　⑧ 日記《にっき》を書《か》○う。

(2) 寒《さむ》い〈形容詞《けいようし》〉

① 明日《あす》も寒《さむ》○○う。　② きのうは寒《さむ》○○た。
③ 今日《きょう》は寒《さむ》○ない。　④ 今年《ことし》は特《とく》に寒《さむ》○。
⑤ とても寒《さむ》○一日《いちにち》だった。
⑥ 寒《さむ》○○ばストーブをつけなさい。

3

動詞《どうし》・形容詞《けいようし》の種類《しゅるい》について、(1)〜(3)の問題《もんだい》に答《こた》えましょう。

(1) 次《つぎ》の——線部《せんぶ》の動詞《どうし》は自動詞《じどうし》です。それに対応《たいおう》する他《た》動詞《どうし》を（　）に書《か》きましょう。

① 電気《でんき》が消《き》える。——電気《でんき》を（　　）。
② 弟《おとうと》が起《お》きる。——弟《おとうと》を（　　）。
③ 考《かんが》えが変《か》わる。——考《かんが》えを（　　）。
④ 勢《いきお》いが増《ま》す。——勢《いきお》いを（　　）。

(2) 次《つぎ》の各文《かくぶん》で、——線部《せんぶ》が補助《ほじょ》(形式《けいしき》)動詞《どうし》、または補助《ほじょ》(形式《けいしき》)形容詞《けいようし》であるほうの記号《きごう》を○で囲《かこ》みましょう。

① ア 門《もん》のわきに大《おお》きな犬《いぬ》がいる。
　 イ 犬《いぬ》がさかんにほえている。
② ア 新《あたら》しいセーターを着《き》てみる。
　 イ ソファーにこしかけてテレビをみる。
③ ア 操作《そうさ》の方法《ほうほう》は説明書《せつめいしょ》で調《しら》べてある。
　 イ 操作方法《そうさほうほう》を説明《せつめい》したパンフレットがある。
④ ア 読《よ》み終《お》わった本《ほん》を本箱《ほんばこ》にしまう。
　 イ 借《か》りてきた本《ほん》を一日《いちにち》で読《よ》んでしまう。
⑤ ア この放送室《ほうそうしつ》は設備《せつび》がよい。
　 イ 放送室《ほうそうしつ》を使《つか》ってもよい。
⑥ ア 画用紙《がようし》を買《か》ってきてほしい。
　 イ 画用紙《がようし》が十枚《じゅうまい》ほしい。

(3) ——線部《せんぶ》が可能動詞《かのうどうし》であるものをすべて選《えら》んで、（　）に記号《きごう》で答《こた》えましょう。

ア 氷《こおり》がとける。
イ 小《ちい》さい字《じ》が読《よ》める。
ウ ボタンが取《と》れる。
エ ここから外《そと》に出《で》られる。
オ 一人《ひとり》で帰《かえ》れる。
カ とつぜん電話《でんわ》が切《き》れる。
キ 留《と》め金《がね》が外《はず》れる。
ク 歌詞《かし》を見《み》ないで歌《うた》える。

（　　　　）

4

次《つぎ》の——線部《せんぶ》の名詞《めいし》の種類《しゅるい》をア〜オから選《えら》んで、（　）に記号《きごう》で答《こた》えましょう。

(1) ロンドン（　）　(2) 柱時計《はしらどけい》（　）
(3) 五番目《ごばんめ》（　）　(4) あなた（　）
(5) 今度会《こんどあ》うとき（　）　(6) 徳川家康《とくがわいえやす》（　）
(7) こちら（　）　(8) 楽《たの》しいこと（　）
(9) 喜《よろこ》び（　）　(10) 二枚《にまい》ずつ（　）

ア 普通名詞《ふつうめいし》　イ 固有名詞《こゆうめいし》　ウ 数詞《すうし》
エ 形式名詞《けいしきめいし》　オ 代名詞《だいめいし》

5

次《つぎ》の——線部《せんぶ》の「れる・られる」の意味《いみ》をア〜エから選《えら》んで、（　）に記号《きごう》で答《こた》えましょう。

(1) ここにいればパレードが見《み》られるはずだ。（　）

(2) 試合《しあい》を前《まえ》に、友達《ともだち》にはげまされる。（　）

(3) 校長先生《こうちょうせんせい》が校庭《こうてい》に出《で》てこられる。（　）

(4) ふく風《かぜ》に秋《あき》の気配《けはい》が感《かん》じられる。（　）

(5) 知《し》らない人《ひと》から声《こえ》をかけられてとまどう。（　）

(6) 日帰《ひがえ》りで行《い》かれる観光地《かんこうち》を探《さが》す。（　）

(7) 去年《きょねん》の夏《なつ》のできごとが思《おも》い出《だ》される。（　）

(8) お客様《きゃくさま》がむかえの車《くるま》に乗《の》られる。（　）

ア 受《う》け身《み》　イ 自発《じはつ》　ウ 可能《かのう》　エ 尊敬《そんけい》

6

次《つぎ》の——線部《せんぶ》と意味《いみ》が同《おな》じものをア〜エから選《えら》んで、（　）に記号《きごう》で答《こた》えましょう。

(1) **この長雨《ながあめ》も、明日《あす》には上《あ》がるようだ。**

ア 田中《たなか》さんが委員長《いいんちょう》に選《えら》ばれるような気《き》がする。

イ 優勝《ゆうしょう》するなんて、まるで夢《ゆめ》のようだ。

ウ 父《ちち》のように誠実《せいじつ》な生《い》き方《かた》をしたい。

エ 名演奏《めいえんそう》にあらしのようなはく手《しゅ》が起《お》こった。

（　）

(2) **ここに十階建《じっかいだ》てのビルが建《た》つそうだ。**

ア 台風《たいふう》はどうやらそれていきそうだ。

イ この湖《みずうみ》の水《みず》はとても冷《つめ》たそうだ。

ウ 妹《いもうと》の友達《ともだち》は歌《うた》を歌《うた》うのがうまいそうだ。

エ 庭《にわ》のかきの木《き》は太《ふと》くてじょうぶそうだ。

（　）

(3) **二時間《にじかん》かけて、ようやく頂上《ちょうじょう》に着《つ》いた。**

ア 昔《むかし》、ここに小《ちい》さな公園《こうえん》があった。

イ 白《しろ》いワンピースを着《き》た少女《しょうじょ》がいる。

ウ 約束《やくそく》は、確《たし》か四時半《よじはん》でしたね。

エ 宿題《しゅくだい》が終《お》わったから少《すこ》し休《やす》もう。

（　）

(4) **わたしが発表《はっぴょう》します。**

ア 春《はる》になったが風《かぜ》はまだ冷《つめ》たい。

イ あそこに見《み》えるのがぼくたちの学校《がっこう》だ。

ウ このシャツは色《いろ》もいいが形《かたち》もいい。

エ 松本《まつもと》といいますが、健二《けんじ》くんはいますか。

（　）

7

次《つぎ》の——線部《せんぶ》の説明《せつめい》に当《あ》てはまるものをあとから選《えら》んで、（　）に記号《きごう》で答《こた》えましょう。

(1) **ない**

① 将来《しょうらい》にはかない望《のぞ》みをもつ。（　）
② 今日《きょう》はそれほど暑《あつ》くない。（　）
③ 成功《せいこう》の可能性《かのうせい》はない。（　）
④ 部屋《へや》にはだれもいない。（　）

ア 「存在《そんざい》しない」の意味《いみ》の形容詞《けいようし》。
イ 補助《ほじょ》（形式《けいしき》）形容詞《けいようし》。
ウ 形容詞《けいようし》の一部《いちぶ》。
エ 打《う》ち消《け》しの助動詞《じょどうし》。

(2) **らしい**

① 夏《なつ》らしい服装《ふくそう》で現《あらわ》れる。（　）
② 一組《いちくみ》の代表《だいひょう》は大村《おおむら》さんらしい。（　）
③ すばらしい演奏会《えんそうかい》だった。（　）

ア 不確《ふたし》かなことを表《あらわ》す助動詞《じょどうし》。
イ 名詞《めいし》について「…としてふさわしい」の意味《いみ》の形《けい》容詞《ようし》を作《つく》る言葉《ことば》。
ウ 一語《いちご》の形容詞《けいようし》の一部《いちぶ》。

(3) **だ**

① 父《ちち》はパイロットになりたかったそうだ。（　）
② 兄《あに》は歴史《れきし》に関《かん》する知識《ちしき》が豊《ゆた》かだ。（　）
③ キャンプへの参加《さんか》を申《もう》しこんだ。（　）
④ このなすは、うちの畑《はたけ》でとれたものだ。（　）

ア 助動詞《じょどうし》「た」がにごったもの。
イ 断定《だんてい》の助動詞《じょどうし》。
ウ 形容動詞《けいようどうし》の一部《いちぶ》。
エ 助動詞《じょどうし》の一部《いちぶ》。

8

次《つぎ》の——線部《せんぶ》と品詞《ひんし》が同《おな》じものをア〜ウから選《えら》んで、（　）に記号《きごう》で答《こた》えましょう。

(1) **山《やま》おくに、ある人《ひと》が住《す》んでいた。**

ア あれはわたしのかいた絵《え》です。
イ あの話《はなし》はどうなりましたか。
ウ かれはあっちの方《ほう》へ行《い》きましたよ。
（　）

(2) **たちまち、辺《あた》りがきりに包《つつ》まれた。**

ア 空《そら》が急《きゅう》に暗《くら》くなり、雨《あめ》が降《ふ》り出《だ》した。
イ 敵《てき》に見《み》つけられ、すばやくにげる。
ウ 返事《へんじ》も待《ま》たずにいきなり飛《と》び出《だ》す。
（　）

④文《ぶん》の種類《しゅるい》

おじさん、ただいま。
おみやげたくさんあるよ。
おお、二人《ふたり》ともお帰《かえ》り〜!!
キャンプは楽《たの》しかったかな?
それにしてもヤケタねえ〜。

このおみやげのビン、何《なに》も入《はい》ってないけど…？
それは、高原《こうげん》のおいしい空気《くうき》だよ!!
では、こちらの〝水《みず》〟らしきビンは？
キャンプ場《じょう》のいどからくんできたおいしい水《みず》です！
その水《みず》でたいた〝ごはん〟は最高《さいこう》！
ブンボくんにはこれよ。〝高原《こうげん》のミルククッキー〟！
ぼくもそういうフツーのおみやげでよかったのに…。
でもぼくは食《た》べられません。

あと、これは、わたしたちの手作《てづく》りのおみやげです。
二人《ふたり》とも、このノートにいろいろな文《ぶん》を書《か》いたんです。
ほう！
キャンプは、文作《ぶんづく》りの話題《わだい》を見《み》つけるには最高《さいこう》だね。
これはうれしいおみやげだ！
さ〜て、それでは、元気《げんき》に帰《かえ》ってきたきみたちとの今日《きょう》のレッスンは文《ぶん》の種類《しゅるい》だ！
①単文《たんぶん》
②複文《ふくぶん》
③重文《じゅうぶん》
この三《みっ》つです！
ええ〜っ、さっそくレッスンですかあ〜！
もうちょっとキャンプ場《じょう》に行《い》ってこよう…。
コレコレ。

ではまず「単文《たんぶん》」から始《はじ》めよう!
ン、なにコレ?
水《みず》を飲《の》む。

山《やま》に登《のぼ》る。

魚《さかな》をつる。

早《はや》くねる。

ぼくが作《つく》った〝タンブン〟で〜す!

きみが作《つく》った〝タンブン〟は、「単文《たんぶん》」ではなく、みじかい文《ぶん》の「短文《たんぶん》」だよ。一字《いちじ》ちがいでも大《おお》ちがいなんだ。

ドンマイ!

あーっ、またドジなことをしちまったー!!

前《まえ》に、文《ぶん》の骨組《ほねぐ》みになっているものとして、主語《しゅご》と述語《じゅつご》を挙《あ》げたよね。

単文《たんぶん》というのは、この「主語《しゅご》ー述語《じゅつご》」の組《く》み合《あ》わせが、一《ひと》つの文《ぶん》に一回《いっかい》しか出《で》てこない文《ぶん》のことです。

単文《たんぶん》

一《ひと》つの文《ぶん》の中《なか》に、「主語《しゅご》ー述語《じゅつご》」の組《く》み合《あ》わせが一回《いっかい》しかない文《ぶん》。

例

・小鳥《ことり》が〈主〉 鳴《な》く。〈述〉

・キャンプ場《じょう》に 朝《あさ》が〈主〉 来《く》る。〈述〉

・ぼくは、〈主〉 兄《あに》と 湖《みずうみ》の 周《まわ》りを 散歩《さんぽ》した。〈述〉

・キャンプ場《じょう》の そばには、美《うつく》しい 大《おお》きな 湖《みずうみ》が〈主〉 ある。〈述〉

上《うえ》の文《ぶん》はゲンゴくんのおみやげの〝文《ぶん》ノート〟からぬき出《だ》したものだ。
文《ぶん》の長《なが》さはいろいろだけど、「主語《しゅご》ー述語《じゅつご》」はどれも一回《いっかい》だけだわ。
ヘエー、ぼくもしっかり〝単文《たんぶん》〟を作《つく》っていたんだ…。テレちゃうなー！
ゲンゴくんも少《すこ》しずつ力《ちから》をつけている証《しょう》こです！

ねえ、おじさん。今《いま》の単文《たんぶん》で主語《しゅご》ー述語《じゅつご》以外《いがい》の言葉《ことば》は全部《ぜんぶ》修飾語《しゅうしょくご》？
ゲンゴくん、よく覚《おぼ》えていたね。そのとおり。どれも、主語《しゅご》ー述語《じゅつご》に係《かか》る修飾語《しゅうしょくご》だよ。確《たし》かめてみよう。
パチパチ

・キャンプ場《じょう》に　朝《あさ》が　来《く》る。

・ぼくは、兄《あに》と　湖《みずうみ》の　周《まわ》りを　散歩《さんぽ》した。

・キャンプ場《じょう》の　そばには、美《うつく》しい　大《おお》きな　湖《みずうみ》が　ある。

図《ず》にしてみると、言葉《ことば》の係《かか》り受《う》けがわかりやすいわね。

こういう図《ず》のことを〝文図《ぶんず》〟といいます。

　の二《ふた》つの文節《ぶんせつ》は、ひとまとまりになって、主語《しゅご》や述語《じゅつご》を修飾《しゅうしょく》しているよ。

こうして、文図《ぶんず》で見《み》てみると、どの文《ぶん》にも「主語《しゅご》ー述語《じゅつご》」の組《く》み合《あ》わせは一回《いっかい》しかないということが、はっきりするわね。

よーし、それでは次《つぎ》は〝複文《ふくぶん》〟にいってみよう。

〝複文《ふくぶん》〟って、ひょっとして「主語《しゅご》ー述語《じゅつご》」の組《く》み合《あ》わせが複数《ふくすう》ある文《ぶん》のことですか？

そのとおり！ことはちゃん、ひょっとして知《し》ってたの？

いいえ。「複《ふく》」って「数《かず》が二《ふた》つ以上《いじょう》ある」っていう意味《いみ》の漢字《かんじ》だから…。

論理的《ろんりてき》に考《かんが》えるのはよいことだね。

では、〝複文《ふくぶん》〟の型《かた》については次《つぎ》のパネルで確《たし》かめてみよう。

複文《ふくぶん》

一《ひと》つの文《ぶん》の中《なか》に、「主語《しゅご》ー述語《じゅつご》」の組《く》み合《あ》わせが二回以上《にかいいじょう》ある文《ぶん》。

① 父《ちち》が　つった　魚《さかな》は、とても　おいしかった。

② これは、姉《あね》が　作《つく》った　カレーライスです。

さて、上《うえ》の図《ず》で主語《しゅご》と述語《じゅつご》はどれか、二人《ふたり》ともわかるね。
——が主語《しゅご》、〜〜が述語《じゅつご》でしょ。
あれっ、ほんとだ。①・②とも「主語《しゅご》ー述語《じゅつご》」が二《ふた》つずつある。

□の中《なか》の主語《しゅご》・述語《じゅつご》は、ひとまとまりになって下《した》の主語《しゅご》や述語《じゅつご》に係《かか》っていますね。
またまたサエてますね。

「父《ちち》が　つった」という
「主語《しゅご》・述語《じゅつご》」は、
文全体《ぶんぜんたい》の主語《しゅご》で
ある「魚《さかな》は」を
修飾《しゅうしょく》しているわけだ。
父《ちち》が　つった
（主語《しゅご》を修飾《しゅうしょく》）
① 魚《さかな》は、とてもおいしかった。
ちょっと待《ま》って！
「文全体《ぶんぜんたい》の主語《しゅご》」って
いったいナニ?!
今《いま》、説明《せつめい》するよ。
その前《まえ》に、②の
「姉《あね》が　作《つく》った」の
係《かか》り受《う》けだ。
姉《あね》が　作《つく》った
（述語《じゅつご》を修飾《しゅうしょく》）
② これは、カレーライスです。
じゃあ、
②の文《ぶん》では、
「カレーライスです」が
文全体《ぶんぜんたい》の述語《じゅつご》って
ことかしら?
さすが
カンがいい
ですね、
ことはちゃん。

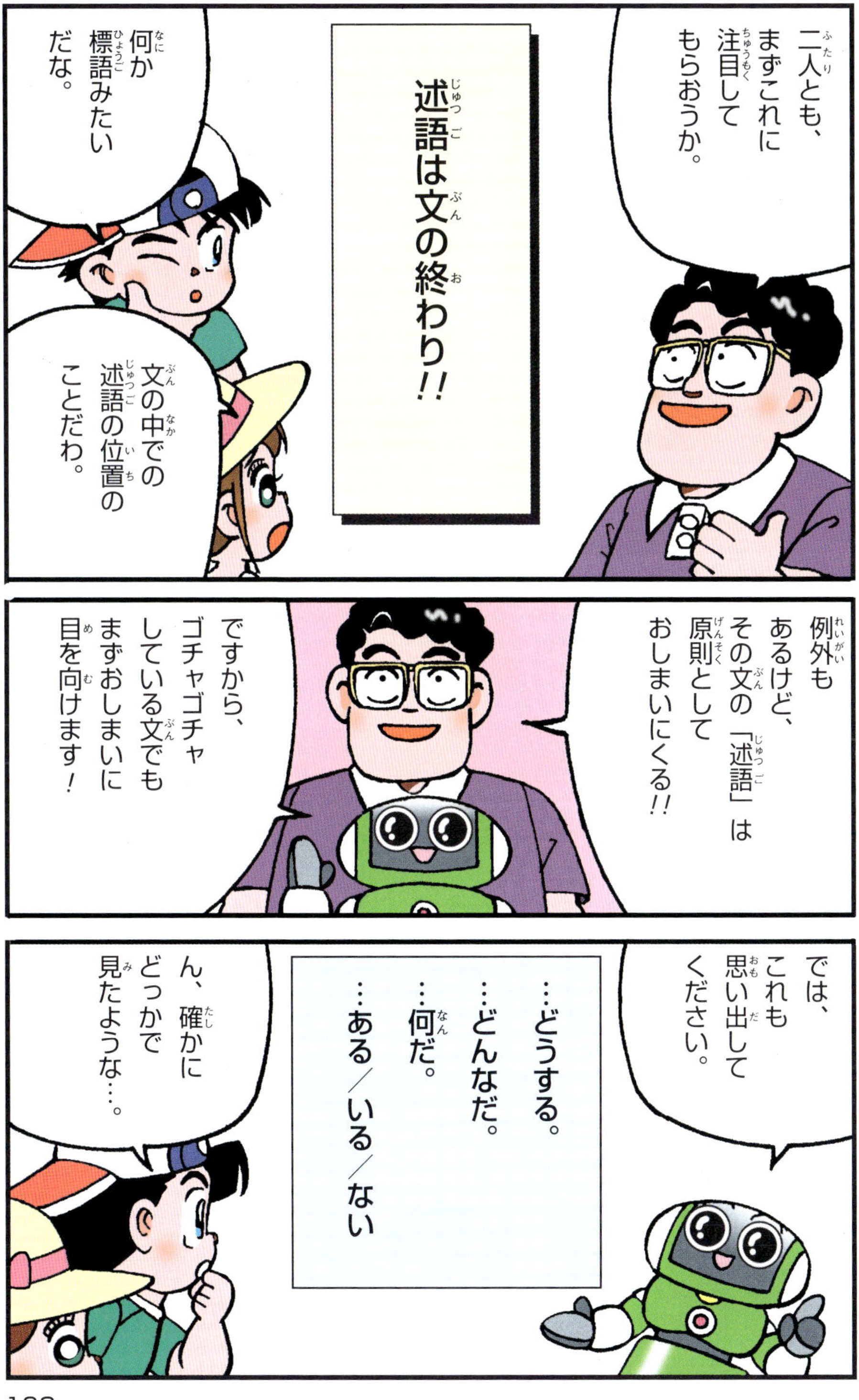
二人《ふたり》とも、まずこれに注目《ちゅうもく》してもらおうか。
述語《じゅつご》は文《ぶん》の終《お》わり!!
何《なに》か標語《ひょうご》みたいだな。
文《ぶん》の中《なか》での述語《じゅつご》の位置《いち》のことだわ。
例外《れいがい》もあるけど、その文《ぶん》の「述語《じゅつご》」は原則《げんそく》としておしまいにくる!!
ですから、ゴチャゴチャしている文《ぶん》でもまずおしまいに目《め》を向《む》けます!
では、これも思《おも》い出《だ》してください。
…どうする。
…どんなだ。
…何《なん》だ。
…ある/いる/ない
ん、確《たし》かにどっかで見《み》たような…。

思《おも》い出《だ》したぞ!!
「述語《じゅつご》」の働《はたら》きを表《あらわ》す言葉《ことば》だわ!
そう。文《ぶん》のおしまいの文節《ぶんせつ》がこれらの働《はたら》きをしているなら「述語《じゅつご》」ってことだ。

①父《ちち》がつった魚《さかな》は、とてもおいしかった〈どんなだ〉。
②これは、姉《あね》が作《つく》ったカレーライスです〈何《なん》だ〉。
おしまいの　の文節《ぶんせつ》はどちらも「述語《じゅつご》」の働《はたら》きをしているよ。

これがわかったら、①は、何《なに》がおいしかったのか、②は何《なに》がカレーライスですなのか、見《み》つけるのね。

そのとおり!!この手順《てじゅん》で見《み》つけた「何《なに》が（は）」が文全体《ぶんぜんたい》の主語《しゅご》になるんだよ。

ぼくにも
わかってきたよ。
おいしかった
カレーライスです
と自然《しぜん》に結《むす》び
付《つ》くのは…。
① 魚《さかな》は → おいしかった
② これは → カレーライスです
の文節《ぶんせつ》が、
①・②の文《ぶん》の全体《ぜんたい》の
主語《しゅご》だわ!!

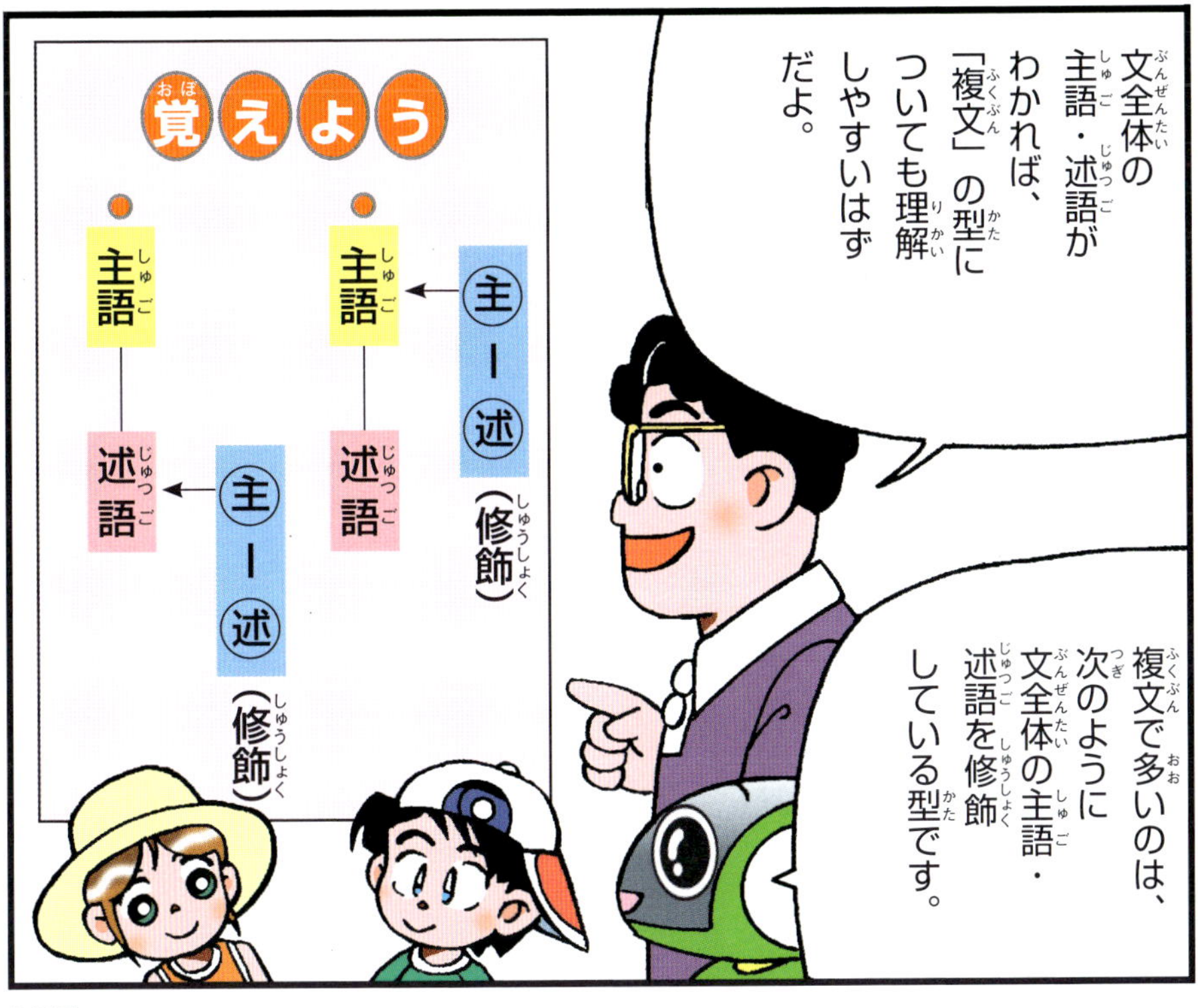
文全体《ぶんぜんたい》の
主語《しゅご》・述語《じゅつご》が
わかれば、
「複文《ふくぶん》」の型《かた》に
ついても理解《りかい》
しやすいはず
だよ。
複文《ふくぶん》で多《おお》いのは、
次《つぎ》のように
文全体《ぶんぜんたい》の主語《しゅご》・
述語《じゅつご》を修飾《しゅうしょく》
している型《かた》です。
覚《おぼ》えよう
・主語《しゅご》 ← 主―述（修飾《しゅうしょく》）
述語《じゅつご》
・主語《しゅご》
述語《じゅつご》 ← 主―述（修飾《しゅうしょく》）

● 倒《とう》置《ち》 ●

おじさん。さっき、位置《いち》について、述語《じゅつご》の“例外《れいがい》”があるって言《い》ってましたよネ。
ぼくも、すこ~し気《き》になってたんだ…。
二人《ふたり》ともよく覚《おぼ》えていたね。では、次《つぎ》の文《ぶん》を見《み》て!!

・行《い》かないよ、ぼくは。
・静《しず》かだ、ここは。
・とてもきれいだ、この花《はな》は。
・かすかに聞《き》こえる、笛《ふえ》の音《ね》が。
あれっ、■の言葉《ことば》は、それぞれの文《ぶん》の述語《じゅつご》だよねぇ…。
確《たし》かに述語《じゅつご》よ。でも、文《ぶん》の終《お》わりじゃないわ。
これが、述語《じゅつご》が文末《ぶんまつ》にこないという例外《れいがい》の文《ぶん》だよ。

こういう文《ぶん》を、「倒置《とうち》」というよ。
倒置《とうち》って、〝さかさま〟という意味《いみ》です。
何《なん》のために述語《じゅつご》の位置《いち》を変《か》えるのかしら？
強《つよ》めのためです。述語《じゅつご》の意味《いみ》を強調《きょうちょう》したいときにこの倒置《とうち》が使《つか》われるのです!!
へえ～
「倒置法《とうちほう》」といって、表現《ひょうげん》のくふうの一《ひと》つとして、詩《し》などでよく使《つか》われるよ。
詩集《ししゅう》
見《み》てごらん。①の文《ぶん》も、倒置《とうち》にして、おいしかったを強《つよ》めることができるよ。
①とてもおいしかった、父《ちち》がつった魚《さかな》は。
「倒置《とうち》」がわかったところで、また「複文《ふくぶん》」にもどります!!

複《ふく》文《ぶん》のその他《た》の型《かた》（――は主語《しゅご》、～～は述語《じゅつご》）

① 秋《あき》が 来《く》ると、いねが 実《みの》る。

② 氷《こおり》は 冷《つめ》たい、これは 事実《じじつ》だ。

えっ、これも複文《ふくぶん》!? ウーン、またまたわからなくなりそう…。
は、下《した》の主語《しゅご》・述語《じゅつご》のどちらも修飾《しゅうしょく》していないわ。

①はね、の主語《しゅご》・述語《じゅつご》がひとまとまりで「接続語《せつぞくご》」の働《はたら》きをしているよ。
②は、全体《ぜんたい》で「独立語《どくりつご》」です。だから、①も②もどこも修飾《しゅうしょく》していないわけです。

この複文《ふくぶん》を見《み》てごらん。
・夜《よる》が 来《く》ると、星《ほし》が かがやく。
あれ？これってぼくがノートに書《か》いた文《ぶん》だったな。

スゴーイ!! ゲンゴくん、ちゃんと複文《ふくぶん》を作《つく》ってるじゃない！

〝複文《ふくぶん》〟なんていうとかたくるしいけど、きみたちはふだんでもしょっちゅう作《つく》っているんだよ。

自分《じぶん》の伝《つた》えたいことを表《あらわ》すのに、いろいろな種類《しゅるい》の文《ぶん》を使《つか》っているのね。

さて、いよいよ最後《さいご》の「重文《じゅうぶん》」だよ。

おも～い感《かん》じの文《ぶん》かな!?

こんどはわたしも見当《けんとう》がつかないわ。

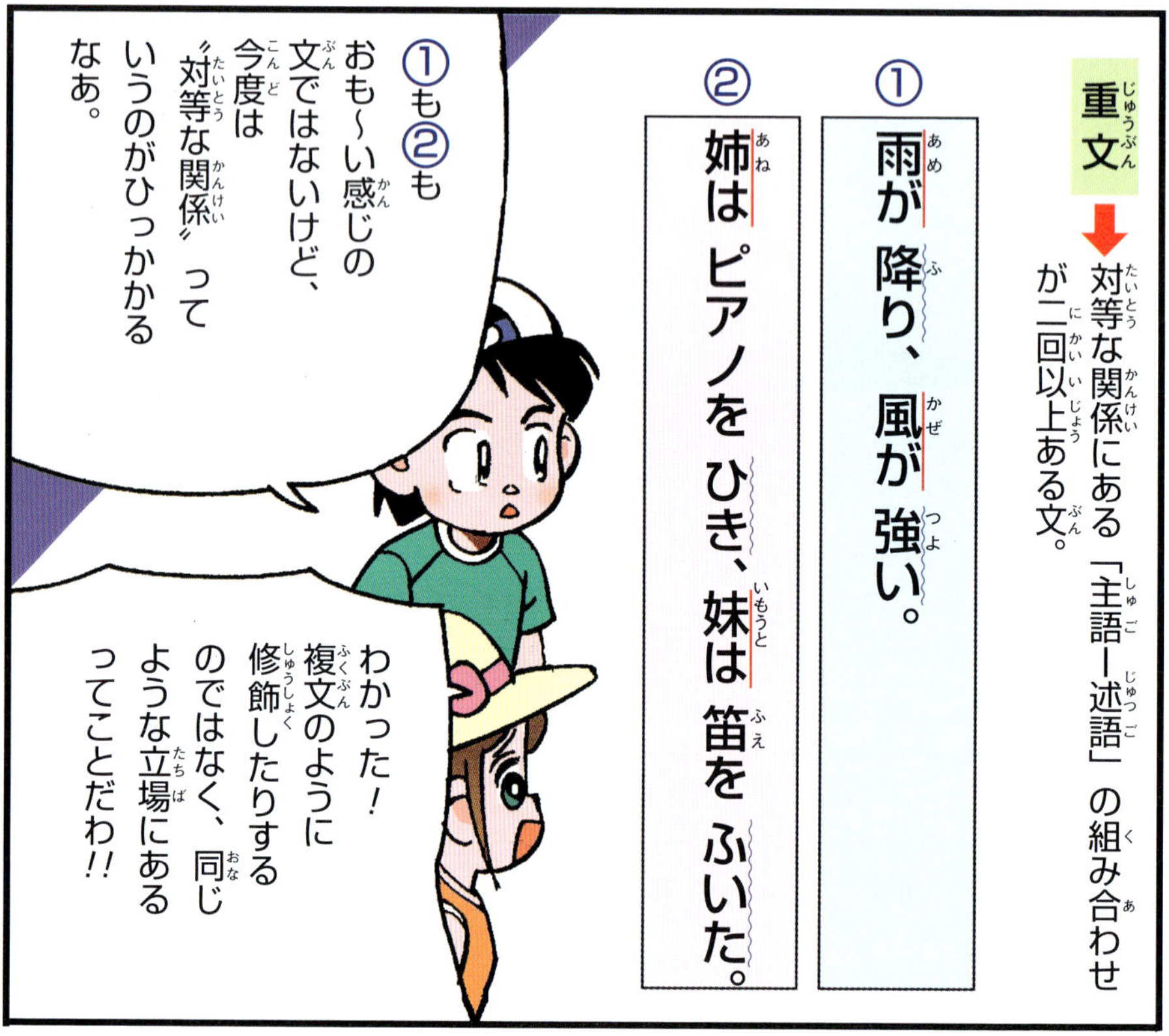

重文《じゅうぶん》
対等《たいとう》な関係《かんけい》にある「主語《しゅご》ー述語《じゅつご》」の組《く》み合《あ》わせが二回以上《にかいいじょう》ある文《ぶん》。
① 雨《あめ》が 降《ふ》り、風《かぜ》が 強《つよ》い。
② 姉《あね》は ピアノを ひき、妹《いもうと》は 笛《ふえ》を ふいた。
①も②もおも～い感《かん》じの文《ぶん》ではないけど、今度《こんど》は“対等《たいとう》な関係《かんけい》”っていうのがひっかかるなあ。
わかった！複文《ふくぶん》のように修飾《しゅうしょく》したりするのではなく、同《おな》じような立場《たちば》にあるってことだわ!!

① 〈雨《あめ》が 降《ふ》り、〉
〈風《かぜ》が 強《つよ》い。〉
② 〈姉《あね》は ピアノを ひき、〉
〈妹《いもうと》は 笛《ふえ》を ふいた。〉
ことはちゃんの言《い》ったことを絵《え》にしてみたよ。①の文《ぶん》は、「雨《あめ》と風《かぜ》」の様子《ようす》、②は「姉《あね》と妹《いもうと》」の動作《どうさ》を「主《しゅ》ー述《じゅつ》」によって二《ふた》つ並《なら》べているね。

簡単《かんたん》な図《ず》にすると、こうなるよ。
〈対等《たいとう》な関係《かんけい》〉
主－述、主－述。
「主語《しゅご》―述語《じゅつご》」が、ほかの主語《しゅご》や述語《じゅつご》を修飾《しゅうしょく》したりしないのが「重文《じゅうぶん》」の特《とく》ちょうです。

・ぼくは食《た》べ、ことはちゃんは飲《の》む。
・ぼくはねむり、ことはちゃんは起《お》きる。
・ぼくはハンサムで、ことはちゃんは美女《びじょ》だ。
カンタン、カンタン。これ、全部《ぜんぶ》〝重文《じゅうぶん》〟になってますよね！
形式《けいしき》としては合《あ》っているけど文《ぶん》の中身《なかみ》がね～……。

あら、これはブンボが作《つく》ったの？
いえ、ことはちゃんの〝文《ぶん》ノート〟からとった文《ぶん》です。
・雨《あめ》は 上《あ》がり、にじが かかる。
・木《こ》の葉《は》は はらはらと 散《ち》り、小鳥《ことり》は 静《しず》かに 飛《と》び立《た》つ。
まあ、ぜんぜん覚《おぼ》えてないわ！
〝重文《じゅうぶん》〟も、このように意識《いしき》せずに作《つく》っているんだよ。
「単文《たんぶん》・複文《ふくぶん》・重文《じゅうぶん》」は、「主語《しゅご》ー述語《じゅつご》」の数《かず》と文中《ぶんちゅう》での働《はたら》きに注目《ちゅうもく》することだよ。
「文全体《ぶんぜんたい》の主語《しゅご》・述語《じゅつご》」にもしっかり目《め》を向《む》けてください！
ハーイ！

ここで区別《くべつ》!!

単文《たんぶん》

「主語《しゅご》ー述語《じゅつご》」は一回《いっかい》だけ。

複文《ふくぶん》

▼「主語《しゅご》ー述語《じゅつご》」は二回以上《にかいいじょう》。

▼文全体《ぶんぜんたい》の主語《しゅご》や述語《じゅつご》を修飾《しゅうしょく》したり、接続語《せつぞくご》や独立語《どくりつご》になったりしている。

重文《じゅうぶん》

▼「主語《しゅご》ー述語《じゅつご》」は二回以上《にかいいじょう》。

▼「主語《しゅご》ー述語《じゅつご》」の組《く》み合《あ》わせが、対等《たいとう》な関係《かんけい》になっている。

文《ぶん》の種類《しゅるい》については、だいたい頭《あたま》に入《はい》ったかな?
ハーイ、もう〝じゅうぶん〟勉強《べんきょう》しました!!
わたしたちの〝文《ぶん》ノート〟も役《やく》に立《た》って、うれしいレッスンでした!!

たしかめドリル〈3〉

（答《こた》えは238ページ）

1

次《つぎ》の文《ぶん》から主語《しゅご》と述語《じゅつご》の関係《かんけい》に当《あ》たるものを見《み》つけ、「主語《しゅご》ー述語《じゅつご》」の形《かたち》で文節《ぶんせつ》で書《か》き出《だ》しましょう。（主語《しゅご》と述語《じゅつご》の関係《かんけい》が二《ふた》つある場合《ばあい》は、二《ふた》つとも書《か》き出《だ》すこと。）

例　山《やま》に 雪《ゆき》が 降《ふ》る。（雪が―降る）

(1) 父《ちち》が とった 写真《しゃしん》が コンテストで 一位《いちい》に なった。
〔　　　　　　　　〕

(2) 森《もり》の 小鳥《ことり》たちが、きれいな 声《こえ》で さえずる。
〔　　　　　　　　〕

(3) これは 妹《いもうと》が 自分《じぶん》で 作《つく》った ブローチです。
〔　　　　　　　　〕

(4) 草《くさ》が サワサワと ゆれ、小川《おがわ》は サラサラと 流《なが》れる。
〔　　　　　　　　〕

(5) バスが 来《き》たのに、まだ 高橋《たかはし》さんが 来《こ》ない。
〔　　　　　　　　〕

2

次《つぎ》の(1)・(2)の文《ぶん》について、言葉《ことば》の係《かか》り受《う》けを示《しめ》した文《ぶん》図《ず》の□に当《あ》てはまる言葉《ことば》を書《か》き入《い》れましょう。
（―は主語《しゅご》、―は述語《じゅつご》。太《ふと》い色線《いろせん》は、文全体《ぶんぜんたい》の主語《しゅご》・述語《じゅつご》）

(1) わたしがまいたヒマワリの種《たね》が、芽《め》を出《だ》した。

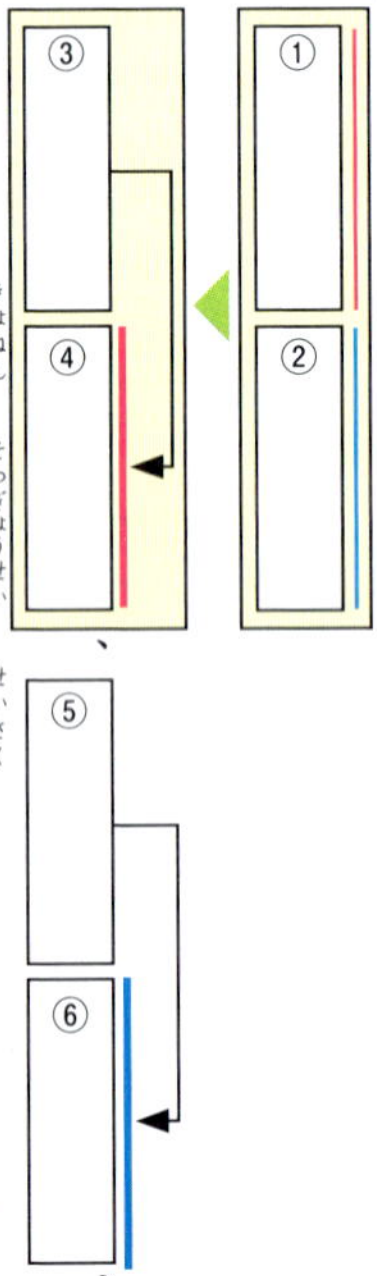

(2) あれは、去年《きょねん》の卒業生《そつぎょうせい》が制作《せいさく》したちょうこくだ。

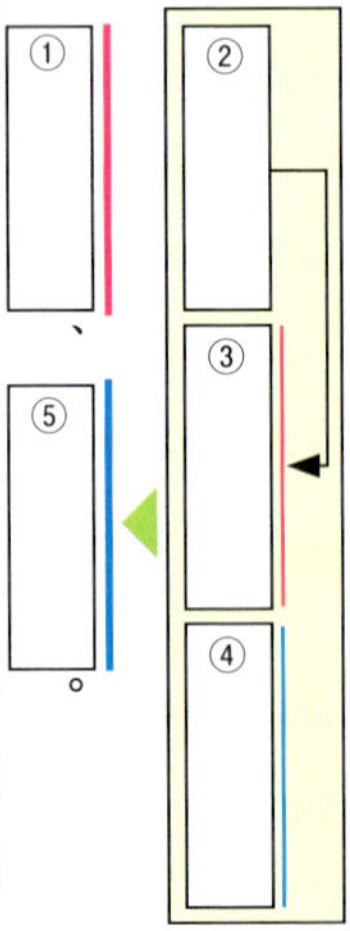

3

次《つぎ》のア〜オから「倒置《とうち》」の文《ぶん》を二《ふた》つ選《えら》んで、（　）に記号《きごう》で答《こた》えましょう。

ア　川原《かわら》で、家族連《かぞくづ》れがバーベキューをしている。
イ　パレードがやってきた、らっぱの音《おと》をひびかせて。
ウ　泣《な》いている妹《いもうと》に、兄《あに》があめをわたしてやる。
エ　ありがたいことだ、人々《ひとびと》が平和《へいわ》に暮《く》らせるのは。
オ　えん側《がわ》で気持《きも》ちよさそうに、ねこが昼《ひる》ねをしている。

（　　・　　）

4

次《つぎ》の(1)~(5)の文《ぶん》はすべて複文《ふくぶん》です。□の部分《ぶぶん》は、文《ぶん》全体《ぜんたい》の中《なか》でどんな働《はたら》きをしていますか。ア~オから選《えら》んで、（ ）に記号《きごう》で答《こた》えましょう。

(1) この三枚《さんまい》の色紙《いろがみ》は、**みんながとった**残《のこ》りです。（ ）

(2) **太陽《たいよう》がしずむと**、夜行性《やこうせい》の動物《どうぶつ》たちが活動《かつどう》を始《はじ》める。（ ）

(3) テーブルの上《うえ》に、**母《はは》*の焼《や》いた**ケーキがある。（ ）

(4) **雨《あめ》がやむ**、それこそ、みんなの待《ま》ち望《のぞ》んでいることだ。（ ）

(5) **姉《あね》が読《よ》んだ**本《ほん》を、私《わたくし》が今《いま》読《よ》んでいる。（ ）

ア 文全体《ぶんぜんたい》の主語《しゅご》を修飾《しゅうしょく》している。
イ 文全体《ぶんぜんたい》の述語《じゅつご》を修飾《しゅうしょく》している。
ウ 文全体《ぶんぜんたい》の述語《じゅつご》に係《かか》る修飾語《しゅうしょくご》を修飾《しゅうしょく》している。
エ 接続語《せつぞくご》の働《はたら》きをしている。
オ 独立語《どくりつご》になっている。

*この「の」は、「が」と同《おな》じ働《はたら》きをします。

5

次《つぎ》の文《ぶん》を①単文《たんぶん》、②複文《ふくぶん》、③重文《じゅうぶん》に分《わ》けて、（ ）に記号《きごう》で答《こた》えましょう。

ア 公園《こうえん》でおおぜいの子供《こども》が遊《あそ》んでいる。
イ 父《ちち》は新聞社《しんぶんしゃ》の記者《きしゃ》で、母《はは》は出版社《しゅっぱんしゃ》の社員《しゃいん》だ。
ウ この曲《きょく》は、わたしが初《はじ》めて習《なら》った曲《きょく》です。
エ 今朝《けさ》、わたしは三年《さんねん》ぶりにいとこと電話《でんわ》で話《はな》した。
オ 姉《あね》が首《くび》に巻《ま》いているスカーフは、とてもすてきだ。
カ 秋《あき》になると、野山《のやま》の木々《きぎ》の葉《は》が赤《あか》や黄色《きいろ》に色《いろ》づく。
キ 妹《いもうと》は庭《にわ》でなわとびをし、弟《おとうと》は部屋《へや》で本《ほん》を読《よ》んでいる。
ク ベルは、兄《あに》が作《つく》ってやった犬小屋《いぬごや》が気《き》に入《い》ったようだ。

①（ ）②（ ）③（ ）

6

次《つぎ》の文《ぶん》と同《おな》じ組《く》み立《た》ての文《ぶん》をア~エから一《ひと》つ選《えら》んで、（ ）に記号《きごう》で答《こた》えましょう。

・ぼくがほしいのは、たった一《いっ》ぱいの水《みず》なんだ。

ア 一人《ひとり》で夜道《よみち》を歩《ある》くのは、危険《きけん》だ。
イ かれが見《み》たのは、事故現場《じこげんば》のほんの一部分《いちぶぶん》だ。
ウ 森《もり》に囲《かこ》まれた湖《みずうみ》の周《まわ》りは、とても静《しず》かだ。
エ わたしは、おにぎりと卵焼《たまごや》きが食《た》べたい。

（ ）

お楽《たの》しみクイズ1

品詞《ひんし》金魚《きんぎょ》すくい

①〜③の人《ひと》は、うちわに書《か》いてある品詞《ひんし》の金魚《きんぎょ》をすくわなければなりません。どれの金魚《きんぎょ》か、それぞれ記号《きごう》で答《こた》えましょう。

①（　　）

②（　　）

③（　　）

【答《こた》え】①エ・ケ・サ　②ウ・ク・コ　③イ・オ・カ

2章《しょう》

文《ぶん》を作《つく》ろう

⑤正《ただ》しい言《い》い回《まわ》しの文《ぶん》に

おじさん、今夜《こんや》はバーベキューパーティーって、ほんと？
そうだよ。ただいま準備中《じゅんびちゅう》！！

ヤッター!! ぼく何《なん》でも手伝《てつだ》っちゃいますよ!
ゲンゴくん、張《は》り切《き》っているわね…。
それじゃあ、これをどこか目立《めだ》つところに置《お》いてくれ。
文《ぶん》を作《つく》ってモリモリ食《た》べよう会《かい》
何《なに》これ。ただのバーベキューパーティーじゃないの～!?
さすがおじさんのパーティーね。
世《よ》の中《なか》そうあまくないのです。

二《ふた》つの文《ぶん》を一《ひと》つの文《ぶん》に①
（指《し》示《じ》語《ご》をふくむ文《ぶん》）

・わたしは、水色《みずいろ》のハンカチを持《も》っている。これは、おばさんからもらったものだ。
ではまず ことはちゃん。この文《ぶん》を一《ひと》つの文《ぶん》にするとどうなるかな?
これに注目《ちゅうもく》です!

わかった、こうです!!
・わたしは、おばさんからもらった水色《みずいろ》のハンカチを持《も》っている。
おみごと!!
えっ? なにがおみごとなの?
ゲンゴくん、ブンボがことはちゃんにこれに注目《ちゅうもく》って言《い》ってただろ。
これは、何《なに》かを指《さ》し示《しめ》すときに使《つか》う言葉《ことば》よ。
あっ、思《おも》い出《だ》した!!「こそあど言葉《ことば》」のなかまだ!!

そのとおり！
ここでは「水色《みずいろ》のハンカチ」を指《さ》しています。
・前《まえ》の文《ぶん》　水色《みずいろ》のハンカチ
＝
・あとの文《ぶん》　これ
「これは」のあとは、水色《みずいろ》のハンカチの説明《せつめい》だから、その内容《ないよう》を前《まえ》にもってきたわけ！
そっかあ!!
・わたしが持《も》っている水色《みずいろ》のハンカチは、おばさんからもらったものだ。
こういうふうにも直《なお》せるよ。
これのところに前《まえ》の文《ぶん》の内容《ないよう》をあてはめた言《い》い方《かた》ね。
指示語《しじご》（こそあど言葉《ことば》）が指《さ》している言葉《ことば》の内容《ないよう》をはっきりさせる。
指示語《しじご》をふくむ二《ふた》つの文《ぶん》を一《ひと》つにするときは、まずこれだよ!!
なるほど！ぼくにもできそうな気《き》がしてきた…。

では、ゲンゴくん、これはどうかな？
・ブンボが、くしに肉《にく》をさしている。あの肉《にく》は、ゲンゴくんの大好《だいす》きな牛肉《ぎゅうにく》だ。
おまかせください！
・ブンボが、くしにさしている肉《にく》は、ぼくの大好《だいす》きな牛肉《ぎゅうにく》だ。
どう、バッチリでしょ!?
おいおい、「ぼくの」じゃなくて、「ゲンゴくんの」にしなくちゃ。
ア‥‥
わたしの答《こた》えよ！
・ブンボが、くしにゲンゴくんの大好《だいす》きな牛肉《ぎゅうにく》をさしている。
・ブンボがくしにさしている肉《にく》
＝
・あの肉《にく》
このことに気《き》づくのがポイントです。カンタンでしょ！

二《ふた》つの文《ぶん》を一《ひと》つの文《ぶん》に②（接続語《せつぞくご》をふくむ文《ぶん》）

あー、このにおい、たまらな〜い。早《はや》く食《た》べたいよ〜。
パタパタ

・かぜをひいた。だから、医者《いしゃ》にみてもらった。
さあ、この二《ふた》つの文《ぶん》を一《ひと》つにまとめるとどうなる？
これでどうです？
・かぜをひいただから、医者《いしゃ》にみてもらった。
ダメだね！文《ぶん》として意味《いみ》が通《つう》じないよ。
ゲンゴくんの肉《にく》の量《りょう》、少《すこ》し減《へ》らそうっと…。
ア〜ッ!!

だからは、接続詞《せつぞくし》ですよね。
・かぜをひいた。だから、医者《いしゃ》にみてもらった。
そのとおり！接続詞《せつぞくし》を使《つか》った二《ふた》つの文《ぶん》は、長《なが》い接続語《せつぞくご》を使《つか》って一《ひと》つの文《ぶん》にまとめられるよ。

長《なが》い接続語《せつぞくご》
P.43
見《み》てね！
・かぜをひいた。だから、医者《いしゃ》にみてもらった。
・かぜをひいたので、医者《いしゃ》にみてもらった。
思《おも》い出《だ》した？ ―部《ぶ》が長《なが》い接続語《せつぞくご》だよ。文《ぶん》の意味《いみ》を変《か》えずに、一《ひと》つの文《ぶん》になっているね。

ので は、接続詞《せつぞくし》の「だから・それで」などと似《に》た働《はたら》きをする接続助詞《せつぞくじょし》ね。

忘《わす》れた人《ひと》はP.78の「接続助詞《せつぞくじょし》」で必《かなら》ず確《たし》かめてください。

おじさん、ぼくも作《つく》ってみたよ！
・かぜをひいたのに、医者《いしゃ》にみてもらった。
こりゃ意味《いみ》がおかしい。作《つく》ればいいってもんじゃないよ！
マタ〜減らさなきゃ…
接続詞《せつぞくし》は前後《ぜんご》の内容《ないよう》のつながり具合《ぐあい》を示《しめ》す言葉《ことば》だったね。
＊接続詞《せつぞくし》の働《はたら》きに目《め》を向《む》ける!!
長《なが》い接続語《せつぞくご》にするときは、この働《はたら》きに合《あ》う助詞《じょし》を使《つか》わなきゃ…。
だから
ので
前《まえ》のことを原因《げんいん》・理由《りゆう》にしてあとに続《つづ》ける。
この二《ふた》つは働《はたら》きが同《おな》じなんだ。
「ので」の仲間《なかま》のからを使《つか》ってもいいですよ。
・かぜをひいたから、医者《いしゃ》にみてもらった。

ぼくが使《つか》ったのには、どうしてダメなのかなあ…。
・かぜをひいた。でも、病院《びょういん》には行《い》かなかった。
・かぜをひいたのに、病院《びょういん》には行《い》かなかった。
これを見《み》てごらん。
これらはね、前後《ぜんご》の文《ぶん》が反対《はんたい》の内容《ないよう》になるようなときに使《つか》われるよ。
でも…接続詞《せつぞくし》
のに…接続助詞《せつぞくじょし》
ぼく、「接続助詞《せつぞくじょし》」ののにの働《はたら》きがよくわかっていなかったんだ。
でもの仲間《なかま》には「しかし・けれども」などの接続詞《せつぞくし》があるよな。
なによ、知《し》ってるじゃない！
文法《ぶんぽう》の力《ちから》って、こうした文作《ぶんづく》りには欠《か》かせないってこと、わかったかな?
ハイ！

決《き》まった言《い》い回《まわ》しの文《ぶん》

（副《ふく》詞《し》の呼《こ》応《おう》）

さあて、今度《こんど》はあなうめ問題《もんだい》にちょう戦《せん》してもらおうかな。
“あなうめ”ならカンタン、カンタン。
① 明日《あす》はたぶん雨《あめ》□□□□。
② どうか許《ゆる》して□□□□。
③ 姉《あね》は決《けっ》してうそをつか□□。

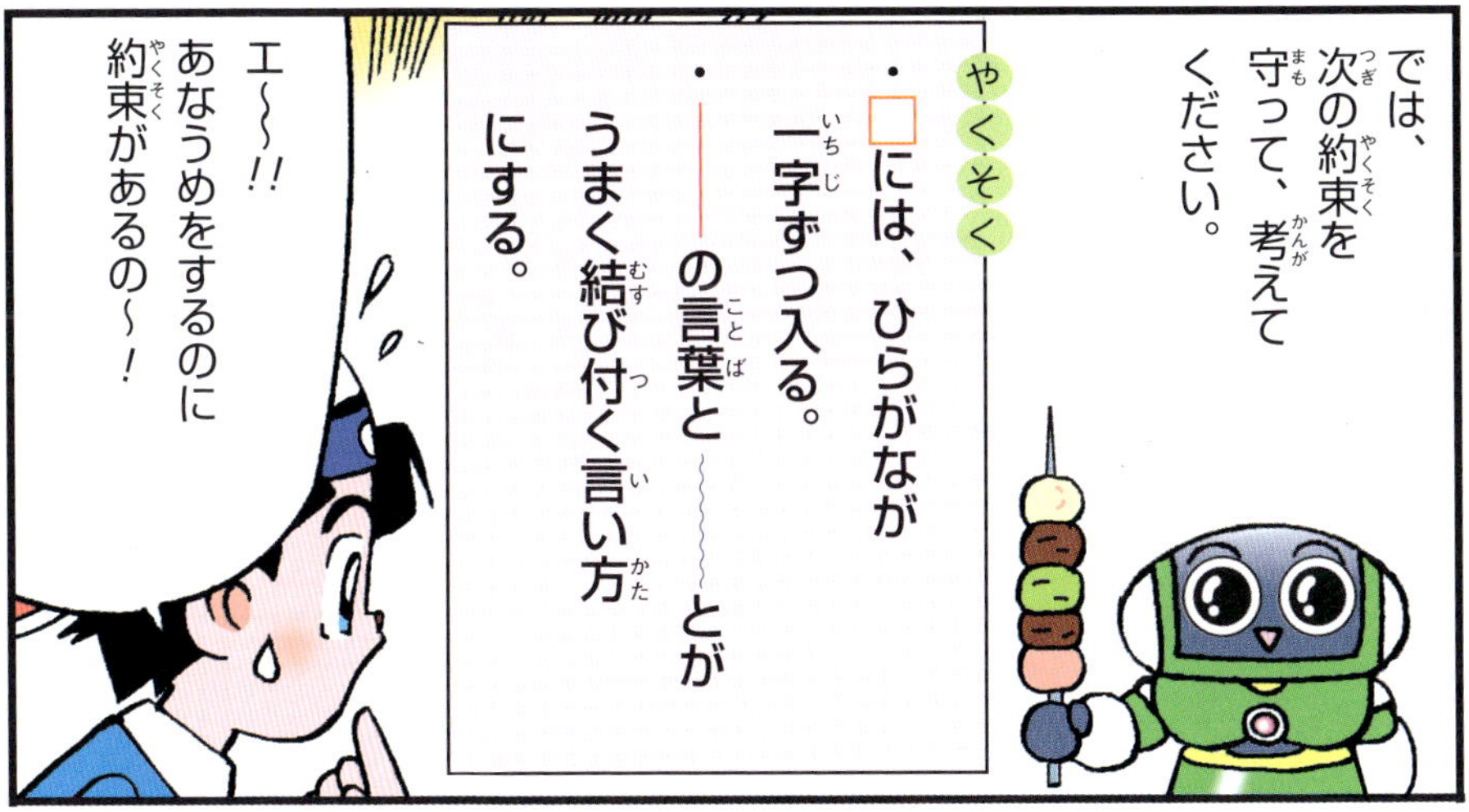
では、次《つぎ》の約束《やくそく》を守《まも》って、考《かんが》えてください。
やくそく
・□には、ひらがなが一字《いちじ》ずつ入る。
・——の言葉《ことば》と〰〰とがうまく結《むす》び付《つ》く言い方《かた》にする。
エ〜〜!! あなうめをするのに約束《やくそく》があるの〜!

ことはちゃんお先《さき》にどうぞどうぞ!!
ズ・ズルイ〜!
大《だい》じょうぶ。——の言葉《ことば》は全部《ぜんぶ》「副詞《ふくし》」だよ。

あっ、思《おも》い出《だ》した!!
①～③の――の言葉《ことば》は、決《き》まった言葉《ことば》と結《むす》び付《つ》いて使《つか》われる副詞《ふくし》だわ！
やりましたね、ことはちゃん！副詞《ふくし》の働《はたら》きに注目《ちゅうもく》するのがポイントです。
フムフム、P.71のところに出《で》てる!!
① 明日《あす》はたぶん雨《あめ》□□□。
「たぶん」は、はっきりしないことを言《い》うときに使《つか》う副詞《ふくし》よ。
じゃあ、〰〰の文末《ぶんまつ》をその言《い》い方《かた》にすればいいね。
□は三《みっ》つだから「雨《あめ》だろう」だわ！
ピンポーン！二人《ふたり》の息《いき》がぴったり合《あ》ったね！
ヤッタ～ッ！
ゲンゴくんのお肉《にく》の量《りょう》を元《もと》にもどそうっと！

②どうか許《ゆる》して□□□□。
「どうか」って、人《ひと》にたのむときに使《つか》う副詞《ふくし》だね。
「どうか許《ゆる》して ください」かな?
OK《オーケー》!
・どうか…ほしい。
・どうか…くれ。
・どうか…もらいたい。
「四字《よじ》」以外《いがい》の言葉《ことば》なら、このような言《い》い方《かた》もあるよ。
では次《つぎ》は?
③姉《あね》は決《けっ》してうそをつか□□。
「つかない」でしょ。
「決《けっ》して」は、打《う》ち消《け》しの言《い》い方《かた》と結《むす》び付《つ》く副詞《ふくし》だからOK《オーケー》ね!!
決《き》まった言《い》い回《まわ》しの短文作《たんぶんづく》りは、テストや入試《にゅうし》にもよく出《で》るぞ!!
では、これまでの内容《ないよう》をまとめてみましょう。

ブンポチェック!!

❶ 指示語《しじご》をふくむ二つ《ふた》の文《ぶん》を一つ《ひと》に

・指示語《しじご》が指す《さ》内容《ないよう》をはっきりさせる。

・机《つくえ》の上《うえ》に、白《しろ》い貝《かい》がらがある。
・これは、去年《きょねん》、海《うみ》で拾《ひろ》ったものだ。

① 指示語《しじご》が指《さ》している言葉《ことば》を、あとの文《ぶん》の内容《ないよう》で修飾《しゅうしょく》し、くわしくする。

例

・机《つくえ》の上《うえ》に、去年《きょねん》、海《うみ》で拾《ひろ》った白《しろ》い貝《かい》がらがある。

〜〜が、あとの文《ぶん》の内容《ないよう》を使《つか》った修飾語《しゅうしょくご》だね。

② 指示語《しじご》のところに、指《さ》す内容《ないよう》を当《あ》てはめる。

例

・机《つくえ》の上《うえ》にある白《しろ》い貝《かい》がらは、去年《きょねん》、海《うみ》で拾《ひろ》ったものだ。

→これ

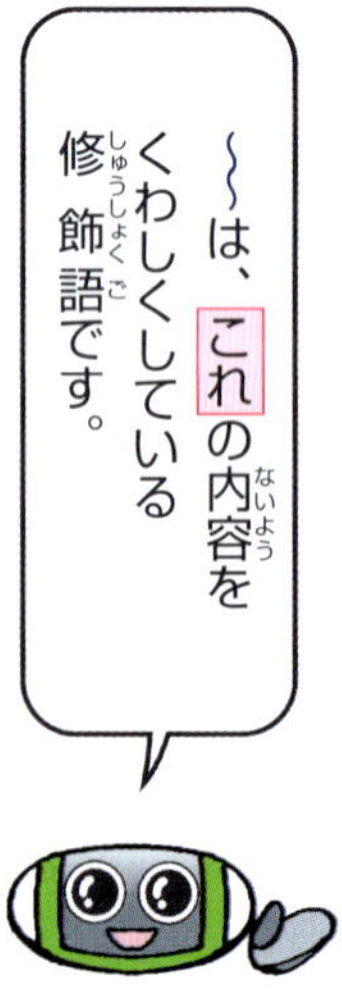
〜〜は、これの内容《ないよう》をくわしくしている修飾語《しゅうしょくご》です。

❷ 接続詞《せつぞくし》を使《つか》った二つ《ふた》の文《ぶん》を一つ《ひと》に

・接続詞《せつぞくし》の働《はたら》きに注目《ちゅうもく》して、同《おな》じ働《はたら》きをする接続助詞《せつぞくじょし》を使《つか》って長《なが》い接続語《せつぞくご》を作《つく》る。

・風《かぜ》が冷《つめ》たくなってきた。だから、上着《うわぎ》をはおった。
〈接続詞《せつぞくし》〉

・風《かぜ》が冷《つめ》たくなってきたので、上着《うわぎ》をはおった。
〈接続助詞《せつぞくじょし》〉
→長《なが》い接続語《せつぞくご》

●似《に》た働《はたら》きをする接続詞《せつぞくし》・接続助詞《せつぞくじょし》

接続詞《せつぞくし》	接続助詞《せつぞくじょし》
それで／すると／だから／そこで／したがって／	から／て（で）／と／ので／ば
しかし／でも／けれども／だが／ところが	が／けれど／ても／ながら／のに／ものの
また／なお／そのうえ／それから／さらに	し／たり／て／なり／ながら／ば

③決《き》まった言《い》い回《まわ》しをともなう副詞《ふくし》をふくむ文《ぶん》

・決《き》まった言《い》い回《まわ》しをする副詞《ふくし》の種類《しゅるい》を、整理《せいり》して覚《おぼ》えておく。
・どんな言《い》い方《かた》と結《むす》び付《つ》いて使《つか》われるのか、例文《れいぶん》で慣《な》れておく。

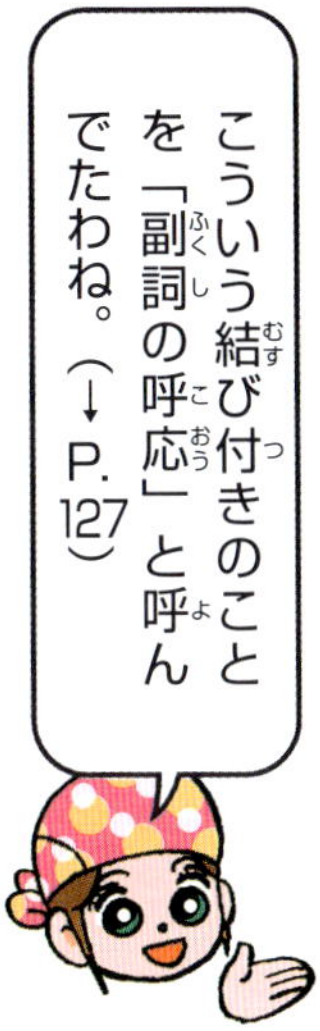
こういう結《むす》び付《つ》きのことを「副詞《ふくし》の呼応《こおう》」と呼《よ》んでたわね。（→P.127）

決《き》まった言《い》い回《まわ》しの例文《れいぶん》（□＝副詞《ふくし》）	働《はたら》き
・兄《あに》は、たぶんおくれてくるだろう。 ・明日《あす》は、おそらく晴《は》れるでしょう。	推量《すいりょう》（おしはかる）
・もし雨《あめ》が降《ふ》ったら、見学《けんがく》は中止《ちゅうし》だ。 ・たとえ雨《あめ》が降《ふ》っても、見学《けんがく》は行《おこな》う。	仮定《かてい》
・明日《あす》は、決《けっ》してちこくしないように。 ・おばさんとは、めったに会《あ》わない。 ・あの映画《えいが》は、ちっともおもしろくない。	打《う》ち消《け》し
・ぜひ、遊《あそ》びにきてください。 ・どうか、内《ない》しょにしてほしい。	願《ねが》い
・どうしてこんなことになったのか。 ・なぜあなたは行《い》かないのですか。	疑問《ぎもん》 質問《しつもん》

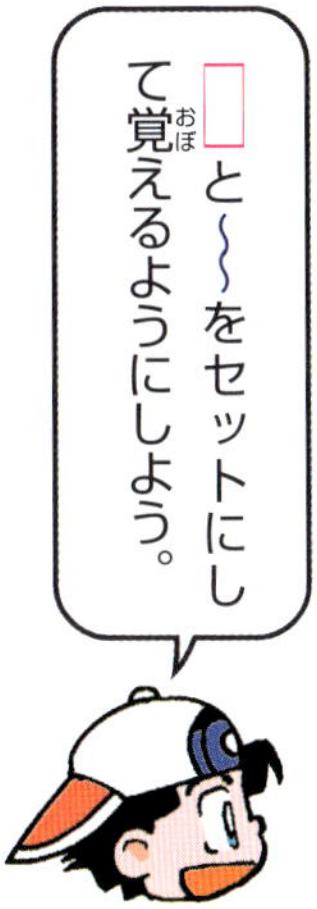
□と〜をセットにして覚《おぼ》えるようにしよう。

⑥文末《ぶんまつ》の表現《ひょうげん》

おいし〜い!!
苦労《くろう》したあとのごちそうはサイコー!!
一人《ひとり》で食《た》べちゃダメでしょ!!

過去《かこ》・未来《みらい》・現在《げんざい》の区別《くべつ》

ゲンゴくん、“苦労《くろう》”はもう少《すこ》し続《つづ》くんだよ。
えっ、レッスンはまだ終《お》わりじゃなかったの!?

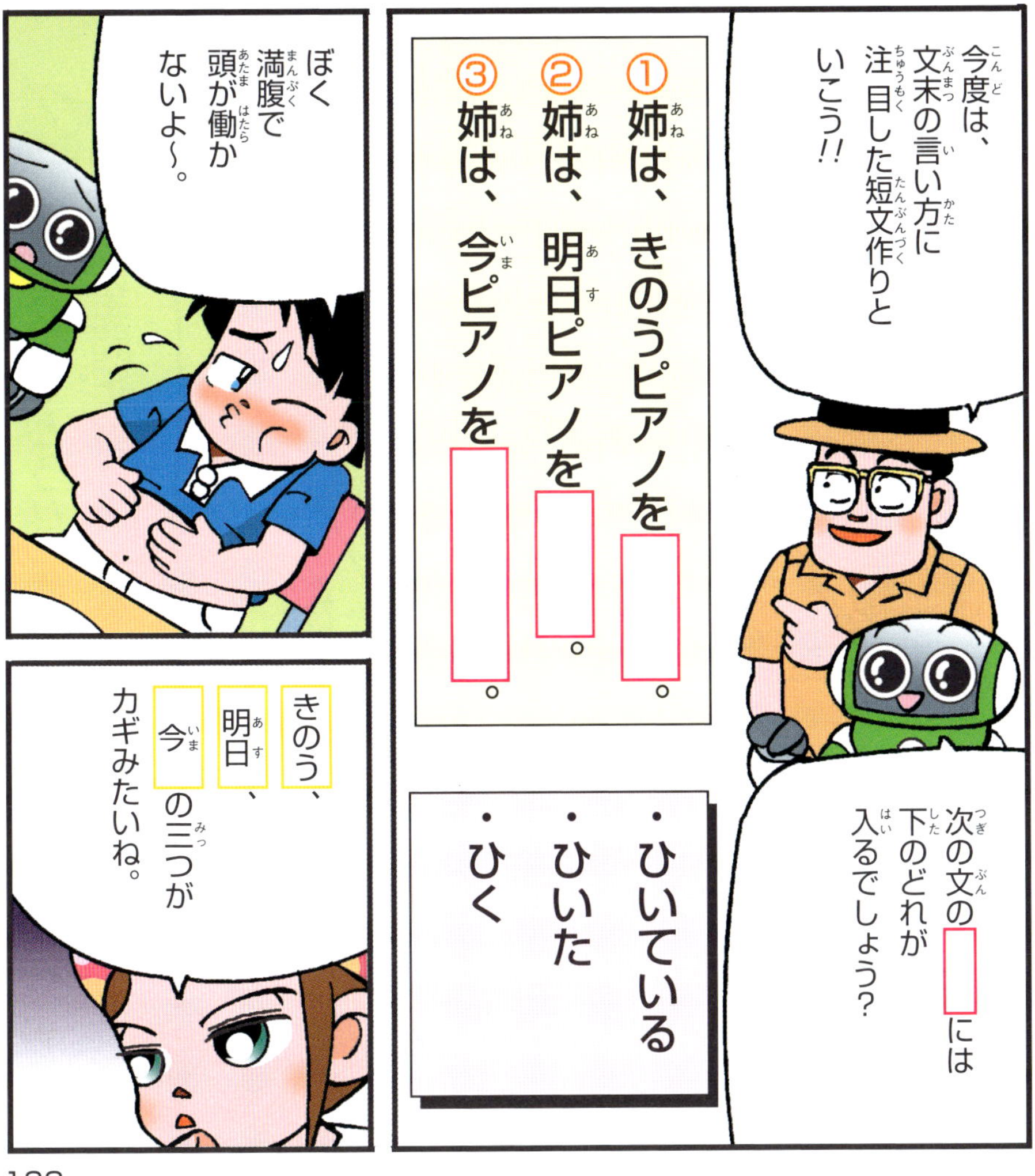
今度《こんど》は、文末《ぶんまつ》の言《い》い方《かた》に注目《ちゅうもく》した短文作《たんぶんづく》りといこう!!
①姉《あね》は、きのうピアノを□。
②姉《あね》は、明日《あす》ピアノを□。
③姉《あね》は、今《いま》ピアノを□。
次《つぎ》の文《ぶん》の□には下《した》のどれが入《はい》るでしょう?
・ひいている
・ひいた
・ひく
ぼく満腹《まんぷく》で頭《あたま》が働《はたら》かないよ～。
きのう、明日《あす》、今《いま》の三《みっ》つがカギみたいね。

ことはちゃんの目《め》のつけどころ、悪《わる》くないよ。で、どうなる?
わたしの答《こた》えはこうです。
①姉《あね》は、きのうピアノをひいた。
②姉《あね》は、明日《あす》ピアノをひく。
③姉《あね》は、今《いま》ピアノをひいている。
どうしてこうなるの?
おめでとう!! 全問正解《ぜんもんせいかい》。
正解《せいかい》
ことはちゃん、ゲンゴくんに説明《せつめい》してあげて。
ゲンゴくん、①ひいたを単語《たんご》に分《わ》けると、どうなる?
ひい＋た
言《い》い切《き》りの形《かたち》「ひく」
こうかな…。
そのとおり!「た」は過去《かこ》を表《あらわ》す助動詞《じょどうし》です!

そっか。きのうは過去《かこ》だから、文末《ぶんまつ》の述語《じゅつご》も過去《かこ》の言《い》い方《かた》になるわけだ。
×さっきピアノをひく。
×三日前《みっかまえ》ピアノをひく。
右《みぎ》の　　のような言葉《ことば》も過去《かこ》を表《あらわ》すね。だから、「ひく」ではなく「ひいた」だよ。
ねえ、天気予報《てんきよほう》では明日《あす》のことを言《い》うとき、「…でしょう。」と言《い》うよ。
明日《あす》は雨《あめ》でしょう。
低
どうして②の文《ぶん》はひくなの？
なるほど。
でしょう
↑
です＋う
断定《だんてい》の助動詞《じょどうし》
推量《すいりょう》の助動詞《じょどうし》
「推量《すいりょう》」って、はっきりしないことをおしはかる、という意味《いみ》だったよね。
「雨《あめ》でしょう」は、雨《あめ》だと言《い》い切《き》ってはいないのね。
言《い》い切《き》っていないから〝予報《よほう》〟なのでーす。

同《おな》じ「明日《あす》」があっても、㋐・㋑は表《あらわ》す意味《いみ》がちがってくるよ。
㋐姉《あね》は、明日《あす》ピアノをひく。
㋑姉《あね》は、明日《あす》ピアノをひくでしょう。
㋐は、明日《あす》「ひく」ことがはっきりしているときの言《い》い方《かた》だわ。
㋑は、「ひく」かどうかはっきりしないときだね。
〈未来《みらい》のことを表《あらわ》す言《い》い方《かた》〉
・はっきりしているとき → 言《い》い切《き》りの形《かたち》
・不確《ふたし》かなとき → 推量《すいりょう》の形《かたち》
この区別《くべつ》をはっきり覚《おぼ》えておこうね。
これでスッキリしたぞ。
「助動詞《じょどうし》」って、文《ぶん》の意味《いみ》を決《き》めるのにしっかり役立《やくだ》っているんだね！
ゲンゴくん、〝お肉《にく》〟の効果《こうか》が出《で》てきたかな…。

じゃあ、ゲンゴくん、「ひいている」の「いる」は何《なん》だったかな？
③姉《あね》は、今《いま》ピアノをひいている。
えっ、え、え〜っと、補助《ほじょ》（形式《けいしき》）動詞《どうし》の「いる」です…。
・読《よ》んでいる。
・書《か》いている。
・見《み》ている。
・電話《でんわ》している。
補助《ほじょ》（形式《けいしき》）動詞《どうし》の「いる」は、動作《どうさ》が今続《いまつづ》いているという意味《いみ》をそえる働《はたら》きをするんだ。

なるほど―。

文末《ぶんまつ》の言《い》い方《かた》で、表《あらわ》す意味《いみ》が少《すこ》しずつちがってくるんだね。

こうした区別《くべつ》をつけてくれるのがいろいろな「品詞《ひんし》」というわけね。

「品詞《ひんし》デパート」（P.60〜81）のところで確《たし》かめてください!!

受《う》け身《み》

ゲンゴくん、この文《ぶん》の主語《しゅご》は何《なに》か、わかるかな?
・父《ちち》が 弟《おとうと》を しかる。
なーんだ、そんなのカンタン！ 父《ちち》が でしょ。
カンタンなのはここまで。これからが“本番《ほんばん》”で～す。
では、この文《ぶん》の主語《しゅご》を「弟《おとうと》」にするとどうなる?
・弟《おとうと》を 父《ちち》が しかる。
そりゃ、こうでしょ。
それは、ただ順序《じゅんじょ》を変《か》えただけですよ。
じゃあ、こうかな…?
・弟《おとうと》が 父《ちち》を しかる。
それじゃあ、文《ぶん》の意味《いみ》がまるっきり変《か》わっちゃいますよ！

選手交代《せんしゅこうたい》！さあ、ことはちゃん、どんな文《ぶん》になる？
・弟《おとうと》が 父《ちち》に しかられる。
述語《じゅつご》の形《かたち》を「受《う》け身《み》」にするといいんじゃないですか。
さすが、ことはちゃん！
①父《ちち》が 弟《おとうと》を しかる。
②弟《おとうと》が 父《ちち》に しかられる。
①・②は、表《あらわ》す意味《いみ》は同《おな》じだよ。
①は「父《ちち》」の立場《たちば》、②は「弟《おとうと》」の立場《たちば》に立《た》って表《あらわ》した文《ぶん》です。
弟《おとうと》は、しかるという動作《どうさ》を受《う》ける立場《たちば》なので、「受《う》け身《み》」になるわけか。
「しかられる」の「れる」は、受《う》け身《み》を表《あらわ》す助動詞《じょどうし》ね。

〈だれが〉①父《ちち》が　〈だれを〉弟《おとうと》を　〈どうする〉しかる。
〈だれが〉②弟《おとうと》が　〈だれに〉父《ちち》に　〈どうされる〉しかられる。
〈 〉の部分《ぶぶん》に目《め》を向《む》けて、二《ふた》つの文《ぶん》の言《い》い方《かた》のちがいをしっかり区別《くべつ》しておこうね。
今度《こんど》も助動詞《じょどうし》が大《おお》きな働《はたら》きをしていたわね。

あっ、大事《だいじ》な肉《にく》を取《と》られた～。待《ま》てえ～！
・ゲンゴくんが、ねこを追《お》いかける。
・ねこが、ゲンゴくんに追《お》いかけられる。
短文《たんぶん》できちゃった!!
「られる」「れる」は、と同《おな》じ受《う》け身《み》の助動詞《じょどうし》だよ。

使役《しえき》

二人《ふたり》とも、かごを持《も》ってどこへ行《い》くの?
バーベキューのお肉《にく》が足《た》りなくなったので、ブンボに買《か》いに行《い》くように言《い》われたんです。
・ブンボが、ゲンゴと ことはに 肉《にく》を 買《か》いに 行《い》く。
あれっ? ぼくたちのことで、文《ぶん》を作《つく》っている!
この文《ぶん》の 行《い》く は、このままでいいかな?
買《か》いに 行《い》く のは ぼくたちだから、何《なに》かヘンだなあ。
ブンボは、わたしたちに 行《い》く ことを させているのよね…。

人《ひと》に何《なに》かを させることを 表《あらわ》すときも、助動詞《じょどうし》を 使《つか》ったよね。
せる
させる
使役《しえき》の助動詞《じょどうし》
よく 覚《おぼ》えていたね。そう、「せる・させる」という 助動詞《じょどうし》だよ。
「使役《しえき》」は、何《なに》かをさせる という意味《いみ》。
・ブンボが、ゲンゴと ことはに 肉《にく》を 買《か》いに 行《い》かせる。
これで、主語《しゅご》の 「ブンボ」に合《あ》う 述語《じゅつご》になったね。
ブンボが わたしたちに させることも はっきりするわ。
〈使役《しえき》の文《ぶん》〉
・兄《あに》が 弟《おとうと》に 荷物《にもつ》を運《はこ》ばせる。
が、〰〰の 「運《はこ》ぶ」という 動作《どうさ》をさせる 人物《じんぶつ》だよ。
が、動作《どうさ》を する人物《じんぶつ》ね。
使役《しえき》の文《ぶん》では 動作《どうさ》をさせる 側《がわ》が主語《しゅご》です。

・ぼくたちは、いつも がんばる。
・おじさんは、いつも ぼくたちを がんばらせる。
どう、おじさん。ふつうの文《ぶん》と使役《しえき》の文《ぶん》、バッチリでしょ。
形《かたち》はOK《オーケー》。でも、ぼくそんなにがんばらせている？
おじさんはともかく、ぼくたちはがんばっているよね、ことはちゃん！
ゲンゴくんバーベキューが中《ちゅう》と半《はん》ぱなんで、ゴキゲン悪《わる》いんです…。
わがでしはホント食《く》い意地《いじ》はってるなあ。
では、「文末表現《ぶんまつひょうげん》」についてまとめたら、バーベキュー再開《さいかい》といこうか!!
ハ〜イ!!

ブンボチェック!!

❶ 過去《かこ》・未来《みらい》・現在《げんざい》の区別《くべつ》

①過去《かこ》

○姉《あね》は、きのうピアノをひいた。
×姉《あね》は、きのうピアノをひく。

「ひく」+「た」

※——のような過去《かこ》を示《しめ》す表現《ひょうげん》がふくまれているときは、文末《ぶんまつ》の述語《じゅつご》に過去《かこ》を表《あらわ》す助動詞《じょどうし》「た」をつける。

・美《うつく》しい→美《うつく》しかった
・静《しず》かだ→静《しず》かだった
・休《やす》みだ→休《やす》みだった

助動詞《じょどうし》の「た」は、いろいろな品詞《ひんし》につくよ。

②未来《みらい》

○姉《あね》は、明日《あす》ピアノをひく。
△姉《あね》は、明日《あす》ピアノをひくだろう。

※文末《ぶんまつ》が動詞《どうし》になっている文《ぶん》では、することがはっきりしている場合《ばあい》は言《い》い切《き》りの形《かたち》をとる。

※することが不確《ふたし》かな場合《ばあい》は、「…だろう。」「…でしょう。」などの推量《すいりょう》の形《かたち》をとる。

③現在《げんざい》していること

○姉《あね》は、今《いま》ピアノをひいている。
×姉《あね》は、今《いま》ピアノをひく。

※今《いま》、その動作《どうさ》が続《つづ》いていることを表《あらわ》すときには、「…(し)ている。」の形《かたち》を使《つか》うのがふつう。

※「ひく」のままだと、「今《いま》(から)ひく」というように、ごく近《ちか》い未来《みらい》を表《あらわ》す言《い》い方《かた》ともとれる。

読《よ》んでいる
書《か》いている
見《み》ている
電話《でんわ》している

「いる」は、補助《ほじょ》(形式《けいしき》)動詞《どうし》で、動作《どうさ》が続《つづ》くことを表《あらわ》すよ。

❷受《う》け身《み》の言《い》い方《かた》

①動作《どうさ》を受《う》ける人《ひと》が主語《しゅご》。

〈主語《しゅご》〉**父《ちち》が** 弟《おとうと》を しかる。

（ふつうの文《ぶん》）
・「しかる」動作《どうさ》をするのが父《ちち》。

〈主語《しゅご》〉**弟《おとうと》が** 父《ちち》に しかられる。

（受《う》け身《み》の文《ぶん》）
・「しかる」ことをされるのが弟《おとうと》。

②述語《じゅつご》の形《かたち》が変《か》わる。

しかる→**しかられる** →「しかる」＋助動詞《じょどうし》「れる」

※「受《う》け身《み》」の文《ぶん》では、述語《じゅつご》の動詞《どうし》に助動詞《じょどうし》の「れる」「られる」がつく。

◆**れる**……流《なが》される・注意《ちゅうい》される・運《はこ》ばれる

◆**られる**…食《た》べられる・ほめられる・見《み》られる

❸使役《しえき》（何《なに》かをさせる）の言《い》い方《かた》

①何《なに》かをさせる人物《じんぶつ》が主語《しゅご》になる。

ゲンゴと ことはが 肉《にく》を 買《か》いに 行《い》く。

〈させる人物《じんぶつ》〉**ブンボが** ゲンゴと ことはに 肉《にく》を 買《か》いに 行《い》かせる。

②述語《じゅつご》の形《かたち》が変《か》わる。

行《い》く→**行《い》かせる** →〈行《い》く＋助動詞《じょどうし》「せる」〉

※述語《じゅつご》の動詞《どうし》に、使役《しえき》の働《はたら》きをする助動詞《じょどうし》「せる」「させる」がつく。

◆**せる**……買《か》わせる・飲《の》ませる・勉強《べんきょう》させる・切《き》らせる

◆**させる**…見《み》させる・食《た》べさせる・届《とど》けさせる・来《こ》させる

⑦この文《ぶん》、なんか〝ヘン〟！

ああ、なつかしいバーベキューのにおい!!いっただきま〜〜〜す!!
食《た》べるときだけは元気《げんき》だなあ。
大《おお》げさね。さっき食《た》べてからまだ少《すこ》ししかたってないでしょ!!

ウッ!?

このタレなんかヘンな味《あじ》だぞ…。

ごめ〜ん、ソースとしょうゆをまちがえましたー!

こんどのタレはどうです?

こんどはおいしい!!

ちょっとしたかんちがいで味《あじ》つけがヘンになることってよくあるわね。

〝文《ぶん》〟の味《あじ》つけもちょっとしたミスでヘンになるよ。そんな〝ヘンな文《ぶん》〟を見《み》ていこう!

エーッ、バーベキュー、またストップ!?

ねじれ文《ぶん》

（主語《しゅご》・述語《じゅつご》の呼応《こおう》が正《ただ》しくない文《ぶん》）

これは、ゲンゴくんがくれた〝文《ぶん》ノート〟にあった文《ぶん》だよ。
・いちばん　好《す》きな　食《た》べ物《もの》は、肉《にく》が　好《す》きです。
（ゲンゴ）
なんでぼくの文《ぶん》が出《で》てくるの～!?
ウーン、なんかヘンな感《かん》じ…。

ことはちゃん、ヘンだと感《かん》じるのはどこかな?
「食《た》べ物《もの》は」っていう主語《しゅご》に対《たい》する述語《じゅつご》がどれか、よくわからないんです。
…食《た》べ物《もの》は、〈主〉肉《にく》が好《す》きです。
述語《じゅつご》は、□か全体《ぜんたい》になるけど、主語《しゅご》との結《むす》び付《つ》きがヘンだね。
こうした文《ぶん》は、少々《しょうしょう》手術《しゅじゅつ》して直《なお》さないと…。

が主語《しゅご》、
が述語《じゅつご》だよ。
①いちばん好《す》きな食《た》べ物《もの》は肉《にく》です。
②肉《にく》は、いちばん好《す》きな食《た》べ物《もの》です。
今度《こんど》は、主語《しゅご》・述語《じゅつご》がつながりますね。
①食《た》べ物《もの》は〈何《なに》は〉—肉《にく》です。〈何《なん》だ〉
②肉《にく》は〈何《なに》は〉—食《た》べ物《もの》です。〈何《なん》だ〉
どちらの文《ぶん》も「何《なに》は—何《なん》だ」の型《かた》の文《ぶん》です。
ゲンゴくんが書《か》いたような文《ぶん》は、「ねじれ文《ぶん》」といわれる。
主語《しゅご》
述語《じゅつご》
ねじれ文《ぶん》
主《しゅ》・述《じゅつ》の関係《かんけい》がねじれて、意味《いみ》がとおらないからね。
ねじれ文《ぶん》を書《か》かないようにするコツは？
主語《しゅご》—述語《じゅつご》
この関係《かんけい》がしっかり成《な》り立《た》っているか、チェックするんです。

おじさん、今度《こんど》の文《ぶん》はことはちゃんでしょ。
・わたしは、A《エー》案《あん》よりもB《ビー》案《あん》のほうが　よいと。
わたし、こんな舌足《したた》らずな文《ぶん》、作《つく》らないわよ！

これはね、ブンボにわざとヘンにしてもらった文《ぶん》だよ。

でも、この文《ぶん》、ぼくの文《ぶん》よりは意味《いみ》が取《と》りやすいよ。A《エー》案《あん》よりB《ビー》案《あん》がよいってことでしょ。

わたしも文《ぶん》の意味《いみ》はそうだと思《おも》う。

さあ、どうかな？
・わたしは、A《エー》案《あん》よりもB《ビー》案《あん》のほうが　よいと思《おも》わない。
この文《ぶん》に、　の述語《じゅつご》をつけ足《た》すとどうなる？

参《まい》りました!!

きみたちの失敗《しっぱい》は、ブンボの文《ぶん》に勝手《かって》に　のような述語《じゅつご》をつけて考《かんが》えたことさ。
・わたしは、A《エー》案《あん》よりもB《ビー》案《あん》の　ほうが　よいと思《おも》う。
初《はじ》めヘンだと感《かん》じたのは述語《じゅつご》がなかったせいなのね！
ハズカシ～。ぼく、ヘンにも感《かん》じなかったもんね。
述語《じゅつご》のちがいで文《ぶん》が表《あらわ》す意味《いみ》までちがってくるのね。
思《おも》わない
思《おも》う
言《い》いたいことを正《ただ》しく伝《つた》えるには述語《じゅつご》をはっきり示《しめ》すことだよ。
じゃあ、こんなのどう？
・ぼくは、早《はや》くバーベキューを食《た》べたほうがよいと考《かんが》える。
ゲンゴくんは、食《た》べることだとさえますネ！

修《しゅう》飾《しょく》語《ご》の位《い》置《ち》に注《ちゅう》意《い》

ナプキンなんだけど、今日《きょう》は緑色《みどりいろ》と白《しろ》と黄色《きいろ》しかないよ。
ナプキンのそばの青《あお》いサラダボウル。
じゃあ、こういう意味《いみ》のメモだったのかしら。
ゴメンなさい。あわてていたんで…。
・青《あお》い ナプキンのそばのサラダボウル。
メモだと青《あお》いという修飾語《しゅうしょくご》が、——線《せん》のどっちに係《かか》るのか、わかりにくいね。
修飾語《しゅうしょくご》は、なるべくくわしくする言葉《ことば》の近《ちか》くに置《お》くことです！
・大《おお》きなスーパーのとなりの車庫《しゃこ》。
◎◎スーパー
Ⓐ
△△スーパー
Ⓑ
この文《ぶん》も、意味《いみ》がⒶ・Ⓑの二通《ふたとお》りにとれるわ。

修飾語《しゅうしょくご》の位置《いち》のうっかりミスは、けっこう多《おお》いよ。
このわたくしまでやってしまったわけで…。
修飾語《しゅうしょくご》の位置《いち》が適切《てきせつ》か必《かなら》ず確《たし》かめなきゃ!
・わたしは さっき 洗《あら》った野菜《やさい》を切《き》った。
さあ、今度《こんど》はわたしがまぎらわしい文《ぶん》を作《つく》ってみたわ!
なるほど。さっきが修飾《しゅうしょく》する言葉《ことば》がわかりにくいね。
①わたしは洗《あら》った野菜《やさい》を さっき 切《き》った。
ぼくは「切《き》った」に係《かか》ることがはっきりわかる文《ぶん》にしたよ。
すぐ前《まえ》にもってきたんだね。

それにしてもさあ、「洗《あら》った」のすぐ前《まえ》にさっきがあるのに、どうして「さっき洗《あら》った」ことをはっきり示《しめ》せないんだろう？
「わたし」が何《なに》をしたのかがはっきりしないからだよ。
わかった！主語《しゅご》の位置《いち》を変《か》えればいいのね。
② さっき洗《あら》った野菜《やさい》をわたしは切《き》った。
これで、「洗《あら》った」のがさっきだということがはっきりしたね。

係《かか》り受《う》けをはっきりさせるためには、このように修飾語《しゅうしょくご》以外《いがい》の文節《ぶんせつ》を動《うご》かすこともあります。

〈①の文《ぶん》〉
・野菜《やさい》を切《き》ったのがさっき。
〈②の文《ぶん》〉
・野菜《やさい》を洗《あら》ったのがさっき。
文節《ぶんせつ》の並《なら》べ方《かた》を整理《せいり》したことで「さっき－どうした」のか、はっきりしたね。

⑦この文、なんか〝ヘン〟！

では質問《しつもん》。この文《ぶん》の文節《ぶんせつ》の位置《いち》を変《か》えずに①・②の意味《いみ》にできないかな？
・わたしは さっき 洗《あら》った 野菜《やさい》を切《き》った。
うーん、むずかしい…。
かんたん、ほら、あれですよ、ね、さあ。
何《なに》も動《うご》かさないでなんて…。
なんで、わから、ない、んですかア。
、、、、、、、
あっわかった、こうだわ！
①わたしはさっき、洗《あら》った野菜《やさい》を切《き》った。
②わたしは、さっき洗《あら》った野菜《やさい》を切《き》った。
そっかー読点《とうてん》をつければいいんだ～！

読点《とうてん》（、）のところでひと息《いき》入《い》れて読《よ》んでごらん。①・②と同《おな》じ意味《いみ》になるはずだよ。
ホントだ！
めだたないけど、読点《とうてん》は、とても大事《だいじ》な役割《やくわり》をはたしているんです。
ヘンな文《ぶん》にしないために気《き》をつけることっていろいろありますね。
〝文《ぶん》の意味《いみ》〟を考《かん》えて、言葉《ことば》を組《く》み立《た》てることだよ！
「食《た》べるぞ、バーベキュー！」いや、「バーベキュー、食《た》べるぞ！」が正《ただ》しいかな？
さあ、あらためてバーベキューを心《こころ》おきなく楽《たの》しもう！
どっちでも意味《いみ》は同《おな》じよ！

たしかめドリル〈4〉

（答《こた》えは238ページ）

1

次《つぎ》のア・イの文《ぶん》を、指示語《しじご》が指《さ》す内容《ないよう》をはっきりさせて、それぞれ二通《ふたとお》りの方法《ほうほう》で一《ひと》つの文《ぶん》にします。（　）に当《あ》てはまる言葉《ことば》を書《か》き入《い》れましょう。

(1)
ア かべに、山《やま》の写真《しゃしん》がはってある。
イ これは、おじさんがとったものだ。

① かべに、（　　　）山《やま》の写真《しゃしん》がはってある。
② （　　　）は、おじさんがとったものだ。

(2)
ア 妹《いもうと》が、えん側《がわ》でねこをだいている。
イ あのねこは、弟《おとうと》が拾《ひろ》ってきた子《こ》ねこだ。

① 妹《いもうと》が、えん側《がわ》で（　　　）をだいている。
② （　　　）は、弟《おとうと》が拾《ひろ》ってきた子《こ》ねこだ。

2

□の接続詞《せつぞくし》でつないだ二《ふた》つの文《ぶん》を、意味《いみ》を変《か》えないで一《ひと》つの文《ぶん》にするには、（　）にどんな接続助詞《せつぞくじょし》を入《い》れればよいですか。ア～カから選《えら》んで、（　）に記号《きごう》を書《か》き入《い》れましょう。

(1) 大声《おおごえ》で名《な》を呼《よ》んだ。**すると**、友達《ともだち》が窓《まど》から顔《かお》を出《だ》した。
↓大声《おおごえ》で名《な》を呼《よ》ぶ（　）、友達《ともだち》が窓《まど》から顔《かお》を出《だ》した。

(2) 秋《あき》になった。**でも**、いっこうにすずしくならない。
↓秋《あき》になっ（　）、いっこうにすずしくならない。

(3) 電車《でんしゃ》を降《お》りる。**そして**、海《うみ》へ向《む》かって歩《ある》いて行《い》く。
↓電車《でんしゃ》を降《お》り（　）、海《うみ》へ向《む》かって歩《ある》いて行《い》く。

(4) 熱《ねつ》がある。**それで**、部活《ぶかつ》を休《やす》むことにした。
↓熱《ねつ》がある（　）、部活《ぶかつ》を休《やす》むことにした。

(5) 大雪《おおゆき》が降《ふ》っている。**しかし**、兄《あに》は出《で》かけて行《い》った。
↓大雪《おおゆき》が降《ふ》っている（　）、兄《あに》は出《で》かけて行《い》った。

(6) 池田《いけだ》さんは絵《え》が上手《じょうず》だ。**そのうえ**、歌《うた》もうまい。
↓池田《いけだ》さんは絵《え》が上手《じょうず》だ（　）、歌《うた》もうまい。

ア ので　イ ても　ウ し　エ と
オ のに　カ て

3

――線部《せんぶ》の副詞《ふくし》と結《むす》び付《つ》いて決《き》まった言《い》い回《まわ》しになるように、○に合《あ》うひらがなを書《か》き入《い》れましょう。（○にはひらがなが一字《いちじ》ずつ入《はい》ります。）また、その副詞《ふくし》の働《はたら》きをア～カから選《えら》んで、（　）に記号《きごう》で答《こた》えましょう。

(1) あの店《みせ》には、めったに行《い》か○○。（　）

(2) もしわからなかっ○○、辞書《じしょ》で調《しら》べなさい。（　）

(3) 帰《かえ》りは、たぶん五時《ごじ》ごろになる○○○。（　）

(4) どうして失敗《しっぱい》したの○、わからない。（　）

(5) 枝《えだ》についた雪《ゆき》が、まるで花《はな》の○○○。（　）

(6) たとえ試合《しあい》に負《ま》け○○、くいはない。（　）

(7) 集会《しゅうかい》に、ぜひ参加《さんか》して○○○○。（　）

(8) このことは、決《けっ》して人《ひと》に言《い》い○○○。（　）

ア 推量《すいりょう》　イ 仮定《かてい》　ウ 打《う》ち消《け》し　エ 願《ねが》い
オ 疑問《ぎもん》　カ たとえ

4

次《つぎ》の言葉《ことば》を、文《ぶん》に合《あ》う形《かたち》にして（　）に書《か》きましょう。

(1) **書《か》く**

① わたしは、きのういとこに手紙《てがみ》を（　）。

② わたしは、明日《あす》いとこに手紙《てがみ》を（　）。
〈書《か》くことがはっきりしているとき。〉

③ わたしは、今《いま》いとこに手紙《てがみ》を（　）。

(2) **行《い》く**

① 父《ちち》は、先月《せんげつ》、出張《しゅっちょう》でパリへ（　）。

② 父《ちち》は、来月《らいげつ》、出張《しゅっちょう》でパリへ（　）。
〈行《い》くことがはっきりしているとき。〉

③ 父《ちち》は、今《いま》、出張《しゅっちょう》でパリへ（　）。

(3) **受《う》ける**

① 母《はは》は、去年《きょねん》パソコンの講習《こうしゅう》を（　）。

② 母《はは》は、来年《らいねん》パソコンの講習《こうしゅう》を（　）。
〈受《う》けるかどうか、不確《ふたし》かなとき。〉

③ 母《はは》は、現在《げんざい》、パソコンの講習《こうしゅう》を（　）。

5 次《つぎ》の文《ぶん》の意味《いみ》を変《か》えずに、〈　〉を主語《しゅご》にした文《ぶん》に書《か》き直《なお》したとき、（　）に当《あ》てはまる言葉《ことば》を書《か》き入《い》れましょう。

(1) 鳥《とり》がかきの実《み》を食《た》べる。〈かきの実《み》〉
↓かきの実《み》が（　　　）に（　　　）。

(2) トラックが乗用車《じょうようしゃ》を追《お》いこした。〈乗用車《じょうようしゃ》〉
↓乗用車《じょうようしゃ》が（　　　）に（　　　）。

(3) 先生《せんせい》がぼくを議長《ぎちょう》に指名《しめい》した。〈ぼく〉
↓ぼくは（　　　）から（　　　）に（　　　）。

6 次《つぎ》の文《ぶん》を、「母《はは》が」を主語《しゅご》にし、〜〜の動作《どうさ》を──線部《せんぶ》の人《ひと》にさせる言《い》い方《かた》の文《ぶん》に書《か》き直《なお》しましょう。

(1) 弟《おとうと》が、窓《まど》を開《あ》ける。
（　　　）

(2) わたしが、おじさんの家《いえ》へ行《い》く。
（　　　）

(3) ぼくが、父《ちち》の手伝《てつだ》いをする。
（　　　）

7 次《つぎ》の文《ぶん》は、主語《しゅご》・述語《じゅつご》の呼応《こおう》が正《ただ》しくないために、読《よ》んでへんな感《かん》じがしたり、意味《いみ》がとおらなかったりします。〈　〉の指示《しじ》にしたがって書《か》き直《なお》しましょう。

(1) ぼくの好《す》きなスポーツは、サッカーが好《す》きです。
① 〈主語《しゅご》はそのままにして、述語《じゅつご》を変《か》える。〉
（　　　）
② 〈「サッカーは、」で始《はじ》まる文《ぶん》にする。〉
（　　　）

(2) わたしは、下田先生《しもだせんせい》も参加《さんか》されるでしょう。
・〈「わたしは」に結《むす》び付《つ》く述語《じゅつご》を補《おぎな》って、わたしが下田《しもだ》先生《せんせい》も参加《さんか》するだろうと思《おも》っていることを示《しめ》す文《ぶん》にする。〉
（　　　）
（　　　）

8

次《つぎ》の文《ぶん》は、修飾語《しゅうしょくご》がどこに係《かか》っていくかがあいまいなために意味《いみ》がとりにくい文《ぶん》です。それぞれ、あとの問題《だい》に答《こた》えましょう。

(1) かわいい犬《いぬ》を連《つ》れた男《おとこ》の子《こ》。

・修飾語《しゅうしょくご》の位置《いち》を変《か》えて、「かわいい」が「男《おとこ》の子《こ》」を修飾《しゅうしょく》していることがはっきりわかる文《ぶん》にしましょう。

（　　　　　　　　）

(2) わたしは急《いそ》いで仕上《しあ》げた作品《さくひん》を提出《ていしゅつ》した。

・文節《ぶんせつ》の位置《いち》を変《か》えて、次《つぎ》の①・②の意味《いみ》がはっきり伝《つた》わる文《ぶん》にしようと思《おも》います。当《あ》てはまるものをア〜ウから選《えら》んで、（　）に記号《きごう》で答《こた》えましょう。

① 仕上《しあ》げるのを急《いそ》いだ。（　）

② 提出《ていしゅつ》するのを急《いそ》いだ。（　）

ア わたしは仕上《しあ》げた作品《さくひん》を急《いそ》いで提出《ていしゅつ》した。

イ わたしは急《いそ》いで提出《ていしゅつ》した作品《さくひん》を仕上《しあ》げた。

ウ 急《いそ》いで仕上《しあ》げた作品《さくひん》をわたしは提出《ていしゅつ》した。

9

8の(1)・(2)の文《ぶん》の文節《ぶんせつ》の位置《いち》は変《か》えず、読点《とうてん》（、）を一《ひと》つつけて、①・②の意味《いみ》がはっきり伝《つた》わる文《ぶん》にしましょう。

(1) かわいい犬《いぬ》を連《つ》れた男《おとこ》の子《こ》。

① かわいいのは犬《いぬ》。

（　　　　　　　　）

② かわいいのは男《おとこ》の子《こ》。

（　　　　　　　　）

(2) わたしは急《いそ》いで仕上《しあ》げた作品《さくひん》を提出《ていしゅつ》した。

① 仕上《しあ》げるのを急《いそ》いだ。

（　　　　　　　　）

② 提出《ていしゅつ》するのを急《いそ》いだ。

（　　　　　　　　）

お楽《たの》しみクイズ2

言葉《ことば》のカップル

言葉《ことば》には、決《き》まった言葉《ことば》と結《むす》び付《つ》いて使《つか》われるものがあります。さて、次《つぎ》の言葉《ことば》の〝お相手《あいて》〟は、下《した》のどれですか。それぞれ記号《きごう》で答《こた》えましょう。

①
おそらく
②
決《けっ》して
③
ぜひ

①〔　　〕　②〔　　〕　③〔　　〕

ア
ない
イ
ください
ウ
ても
エ
でしょう
オ
たら

【答《こた》え】①エ　②ア　③イ

3章《しょう》

推敲《すいこう》しよう

⑧書《か》き誤《あやま》りにご用心《ようじん》!!

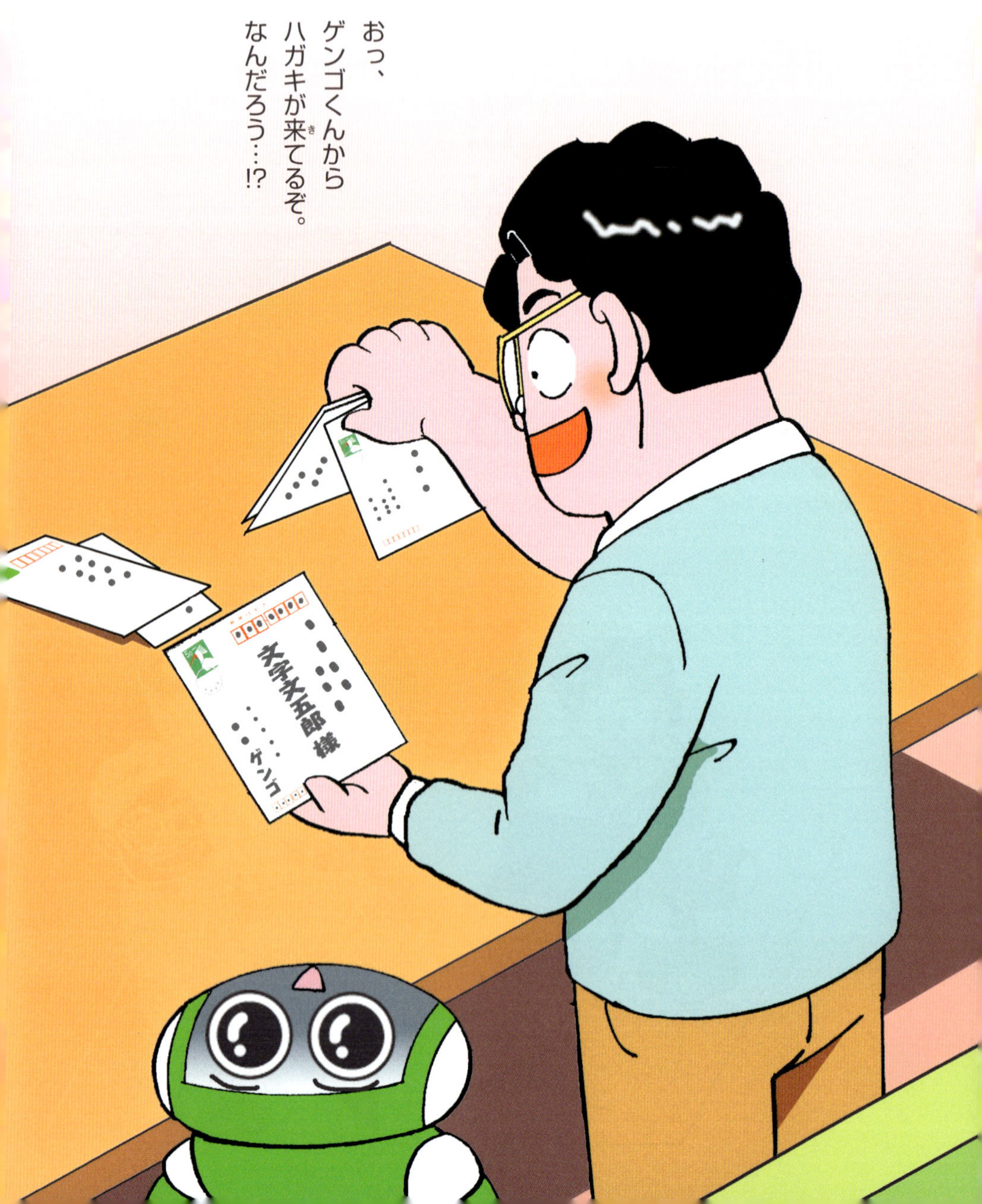

おっ、
ゲンゴくんから
ハガキが来《き》てるぞ。
なんだろう…!?
文字文五郎 様
ゲンゴ

こんにちは。おじさんの大好《だいす》きな水《みず》ようかんをお送《おく》りしました。熱《あつ》いので、一個《いっこ》でも、おいしさ十分《じゅうぶん》です。ことはちゃんとの仲《なか》は、相変《あいか》わらず絶交《ぜっこう》の状態《じょうたい》です。
ゲンゴ
うーん、～～～のところが気《き》になるねえ…!

「熱《あつ》い」水《みず》ようかんなんて、あるんでしょうかねえ。
あの二人《ふたり》、「絶交状態《ぜっこうじょうたい》」にあったなんて知《し》らなかった。

おじゃましま〜す!!
わっ、うわさをすれば…!

あー、間《ま》に合《あ》わなかった! おじさん、読《よ》んでしまったんですね!!
このハガキ、やはり何《なに》かあったんだね。
ぼく、漢字《かんじ》を二《ふた》つもまちがえてしまったんです。
ゲンゴくんの下書《したが》きをチェックしてて見《み》つけたの。
この二《ふた》つがまちがいです。
ミスチェック!!
×熱《あつ》いので ↓ ○厚《あつ》いので
×絶交《ぜっこう》 ↓ ○絶好《ぜっこう》
よかった! 二人《ふたり》はいつもどおりの〝仲《なか》よし〟。
水《みず》ようかんはやっぱり冷《つめ》たかったです。

同《おな》じ訓《くん》読《よ》みの漢字《かんじ》と「同音異義語《どうおんいぎご》」の誤《あやま》りですね。
あつい
暑《あつ》い
熱《あつ》い
厚《あつ》い
同訓《どうくん》
ゼッコウ
絶好《ぜっこう》
絶交《ぜっこう》
同音《どうおん》
この二《ふた》つは"書《か》き誤《あやま》りベスト10《テン》"に必《かなら》ず入《はい》るものだよ。
ちゃんと読《よ》み直《なお》してから清書《せいしょ》すればよかったのに、おハズカシイ…。
でもね、ゲンゴくんの文《ぶん》がとてもしっかりしていたから、すぐには書《か》き誤《あやま》りだと気《き》づかなかったよ。
そ、そっかなあ。照《て》れちゃうなあ。
これもおじさんのレッスンのおかげね。
ぼくも照《て》れちゃうなあ。
照《て》れ合《あ》っている場合《ばあい》じゃないです!

そう。照《て》れてる場合《ばあい》ではないのだ！
オホン
どんなに文《ぶん》がしっかりしていても、書《か》き誤《あやま》ったら0点《てん》だからね！
はい！
書《か》き誤《あやま》りにはいろいろなパターンがあるんだ。
〝パターン〟？
その中《なか》でもはまりやすいミスのいくつかをこれからしょうかいします。
名《な》づけて「チェックパネル」!!
チェックパネル
中学入試《ちゅうがくにゅうし》にも、大《おお》いに役立《やくだ》つはずだ。張《は》り切《き》っていこう！
ハ〜イ！

チェックパネル

覚《おぼ》えよう

①同音《どうおん》で字形《じけい》の似《に》ている漢字《かんじ》

ケイ
・半径《はんけい》十《じっ》センチメートルの円《えん》。
・軽食《けいしょく》を用意《ようい》する。
・会社《かいしゃ》を経営《けいえい》する。

ケン
・実験《じっけん》の器具《きぐ》をそろえる。
・身体検査《しんたいけんさ》をする。
・あの場所《ばしょ》は危険《きけん》だ。

カン
・水道管《すいどうかん》がはれつする。
・外交官《がいこうかん》になりたい。

フク
・往復《おうふく》一時間《いちじかん》はかかる。
・仕組《しく》みが複雑《ふくざつ》だ。
・空腹《くうふく》をこらえる。

ゲン
・故障《こしょう》の原因《げんいん》を調《しら》べる。
・資源《しげん》を大切《たいせつ》にする。

テイ
・低温《ていおん》で保存《ほぞん》する。
・海底《かいてい》にもぐる。

コウ
・教授《きょうじゅ》が講義《こうぎ》する。
・ビルの構造《こうぞう》を調《しら》べる。

モン
・先生《せんせい》のお宅《たく》を訪問《ほうもん》する。
・専門家《せんもんか》に話《はなし》を聞《き》く。

「専門家《せんもんか》は、口出《くちだ》ししない」と覚《おぼ》えるといいよ。

②同《おな》じ訓《くん》の漢字《かんじ》

あう

・人《ひと》に会《あ》う。

・答《こた》えが合《あ》う。

あける

・カーテンを開《あ》ける。

・びんを空《あ》ける。

・夜《よ》が明《あ》ける。

さめる

・目《め》が覚《さ》める。

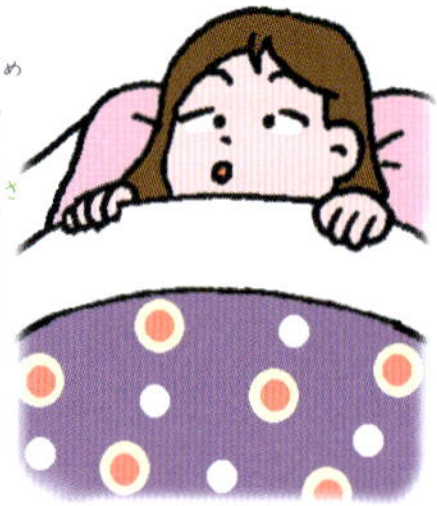

・お茶《ちゃ》が冷《さ》める。

たつ

・ビルが建《た》つ。

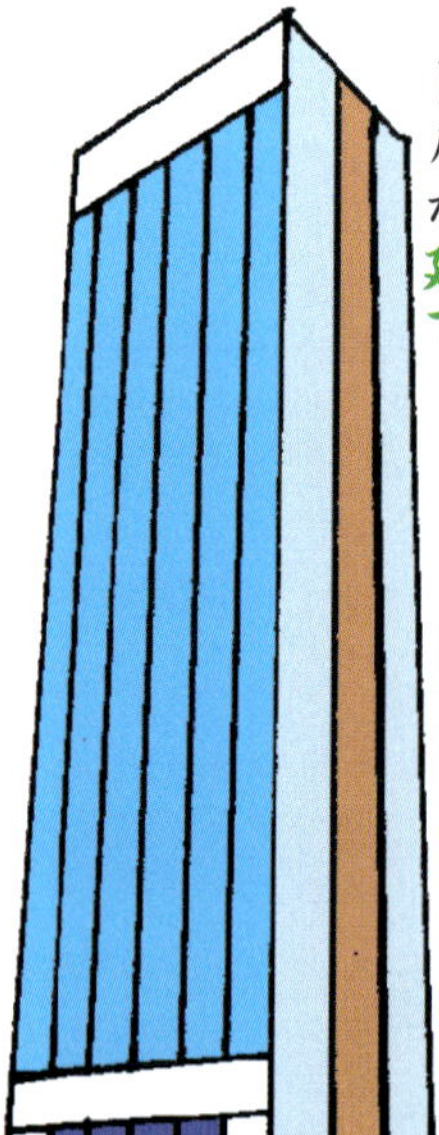

・頂上《ちょうじょう》に立《た》つ。

あつい

・部屋《へや》が暑《あつ》い。

・スープが熱《あつ》い。

・厚《あつ》いステーキ。

暑…気温《きおん》が高《たか》い。
熱…ものの温度《おんど》が高《たか》い。
厚…あつみが多《おお》い。
と覚《おぼ》えてね。

うつす

・机《つくえ》を移《うつ》す。

・書《か》き写《うつ》す。

・姿《すがた》を映《うつ》す。

はやい

・朝《あさ》早《はや》く起《お》きる。

・速《はや》く走《はし》る。

つく

・どろが付《つ》く。

・駅《えき》に着《つ》く。

やぶれる

・服《ふく》が破《やぶ》れる。

・決勝《けっしょう》で敗《やぶ》れる。

③同音異義語《どうおんいぎご》

「絶好《ぜっこう》ー絶交《ぜっこう》」のように、読《よ》みの音《おん》が同《おな》じで意味《いみ》の異《こと》なる熟語《じゅくご》だよ。

イガイ
- 意外《いがい》な結果《けっか》になった。
- 小学生《しょうがくせい》以外《いがい》は入《はい》れない。

カイトウ
- アンケートに回答《かいとう》する。
- テストの解答《かいとう》用紙《ようし》。

カイホウ
- 校庭《こうてい》を開放《かいほう》する。
- 人質《ひとじち》を解放《かいほう》する。

イギ
- 異議《いぎ》を唱《とな》える。
- 同音《どうおん》異義《いぎ》語《ご》を調《しら》べる。
- 意義《いぎ》のある仕事《しごと》だ。

カンシン
- 大木《おおき》さんの行《おこな》いに感心《かんしん》する。
- 政治《せいじ》に関心《かんしん》をもつ。

キカン
- 消化《しょうか》器官《きかん》の検査《けんさ》を受《う》ける。
- かぜで気管《きかん》の調子《ちょうし》が悪《わる》い。

キョウソウ
- 五十《ごじゅう》メートルを競走《きょうそう》する。
- 売《う》り上《あ》げ競争《きょうそう》をする。

キョウチョウ
- 大事《だいじ》な点《てん》を強調《きょうちょう》して言《い》う。
- 住民《じゅうみん》が協調《きょうちょう》して事《こと》にあたる。

ケントウ
- さっぱり見当《けんとう》がつかない。
- 内容《ないよう》をくわしく検討《けんとう》する。

熟語《じゅくご》の意味《いみ》を正《ただ》しく区別《くべつ》して使《つか》い分《わ》けることがコツね!!

コウエン
・バレエの公演《こうえん》を見《み》る。
・学者《がくしゃ》の講演《こうえん》を聞《き》く。

「講《こう》」は、「話《はな》す」と いう意味《いみ》の漢字《かんじ》よ。

ジシン
・鉄棒《てつぼう》には自信《じしん》がある。
・自分《じぶん》自身《じしん》で決《き》める。

シュウカン
・一週間《いっしゅうかん》の予定《よてい》を立《た》てる。
・週刊誌《しゅうかんし》を買《か》う。

セイサン
・旅行《りょこう》の費用《ひよう》を精算《せいさん》する。
・借金《しゃっきん》を清算《せいさん》する。

タイショウ
・中学生《ちゅうがくせい》以上《いじょう》を対象《たいしょう》とする。
・ぼくと兄《あに》は、対照的《たいしょうてき》な性格《せいかく》だ。

ジュショウ
・みごと金賞《きんしょう》を受賞《じゅしょう》した。
・授賞式《じゅしょうしき》が行《おこな》われる。

授賞《じゅしょう》（あたえる側《がわ》）
受賞《じゅしょう》（もらう側《がわ》）

授賞《じゅしょう》⇔受賞《じゅしょう》 反対《はんたい》の意味《いみ》の 言葉《ことば》よ。

テキカク
・的確《てきかく》に判断《はんだん》する。
・かれは委員長《いいんちょう》として適格《てきかく》だ。

ホケン
・地図《ちず》で保健所《ほけんじょ》を探《さが》す。
・健康保険証《けんこうほけんしょう》を見《み》せる。

ホショウ
・テレビの保証書《ほしょうしょ》をもらう。
・社会保障《しゃかいほしょう》の制度《せいど》について調《しら》べる。

送《おく》りがな編《へん》

送《おく》りがなも、きみたちがまちがえやすいものの一《ひと》つだよ。
送《おく》りがなのつけ方《かた》にはきまりがあったはずですね!
ドキッ
またルールがあるの〜!?

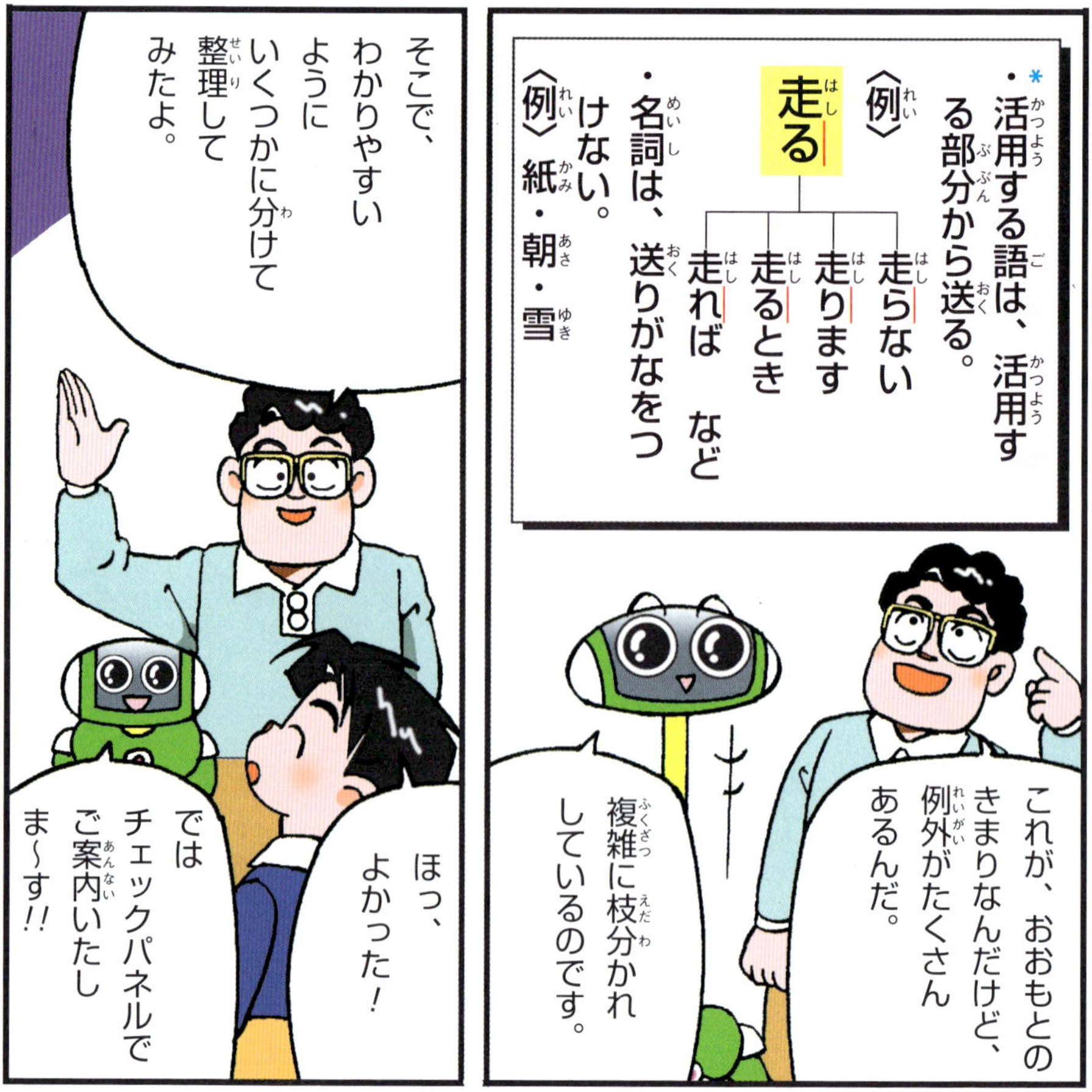
*活用《かつよう》する語《ご》は、活用《かつよう》する部分《ぶぶん》から送《おく》る。
〈例《れい》〉走《はし》る
走《はし》らない 走《はし》ります 走《はし》るとき 走《はし》れば など
・名詞《めいし》は、送《おく》りがなをつけない。
〈例《れい》〉紙《かみ》・朝《あさ》・雪《ゆき》
これが、おおもとのきまりなんだけど、例外《れいがい》がたくさんあるんだ。
複雑《ふくざつ》に枝分《えだわ》かれしているのです。
そこで、わかりやすいようにいくつかに分《わ》けて整理《せいり》してみたよ。
ほっ、よかった!
ではチェックパネルでご案内《あんない》いたしま〜す!!

*活用《かつよう》する語《ご》…動詞《どうし》・形容詞《けいようし》・形容動詞《けいようどうし》

覚《おぼ》えよう①

●言《い》い切《き》りの形《かたち》が「～しい」の形容詞《けいようし》は、「し」から送《おく》る。

例 美《うつく》しい・楽《たの》しい・苦《くる》しい

美《うつく》しい
- 美《うつく》しかった
- 美《うつく》しくない
- 美《うつく》しいとき
- 美《うつく》しければ

形《かたち》が変《か》わる一《ひと》つ前《まえ》の「し」から送《おく》るんだよ。

●言《い》い切《き》りの形《かたち》が「～かだ・～やかだ・～らかだ」になる形容動詞《けいようどうし》は「か・やか・らか」から送《おく》る。

例 静《しず》かだ・健《すこ》やかだ・明《あき》らかだ

明《あき》らかだ
- 明《あき》らかだろう
- 明《あき》らかだった
- 明《あき》らかならば

●活用《かつよう》する語《ご》からできた名詞《めいし》は、元《もと》の語《ご》の送《おく》りがなのつけ方《かた》にならって送《おく》る。

例 泳《およ》ぎ（泳《およ》ぐ）・喜《よろこ》び（喜《よろこ》ぶ）・慣《な》れ（慣《な》れる）
早《はや》さ（早《はや》い）・苦《にが》み（苦《にが》い）・楽《たの》しげ（楽《たの》しい）

名詞《めいし》は送《おく》りがなをつけないのが原則《げんそく》だけど、例外《れいがい》もたくさんあるわ。

（ ）の中《なか》が元《もと》の言葉《ことば》だよ。

●複合語《ふくごうご》は、元《もと》の言葉《ことば》のつけ方《かた》にならって送《おく》る。

例 読《よ》み直《なお》す（読《よ》む＋直《なお》す）
聞《き》き苦《ぐる》しい（聞《き》く＋苦《くる》しい）

〈複合語《ふくごうご》で送《おく》りがなのつかないもの〉

例 小包《こづつみ》・割合《わりあい》・夕立《ゆうだち》・建物《たてもの》・日付《ひづけ》・受付《うけつけ》・
物語《ものがたり》・頭取《とうどり》・植木《うえき》・織物《おりもの》

覚《おぼ》えよう②

1 送《おく》りがなのちがいで読《よ》み方《かた》も変《か》わる漢字《かんじ》

下
下《さ》がる
下《くだ》る
下《お》りる

細
細《ほそ》い
細《こま》かい

明
明《あか》るい
明《あき》らか
明《あ》ける

消
消《け》す
消《き》える

幸
幸《さいわ》い
幸《しあわ》せ

着
着《き》る
着《つ》く

冷
冷《つめ》たい
冷《ひ》える
冷《さ》める

苦
苦《くる》しい
苦《にが》い

連
連《つ》れる
連《つら》なる

治
治《おさ》める
治《なお》る

降
降《ふ》る
降《お》りる

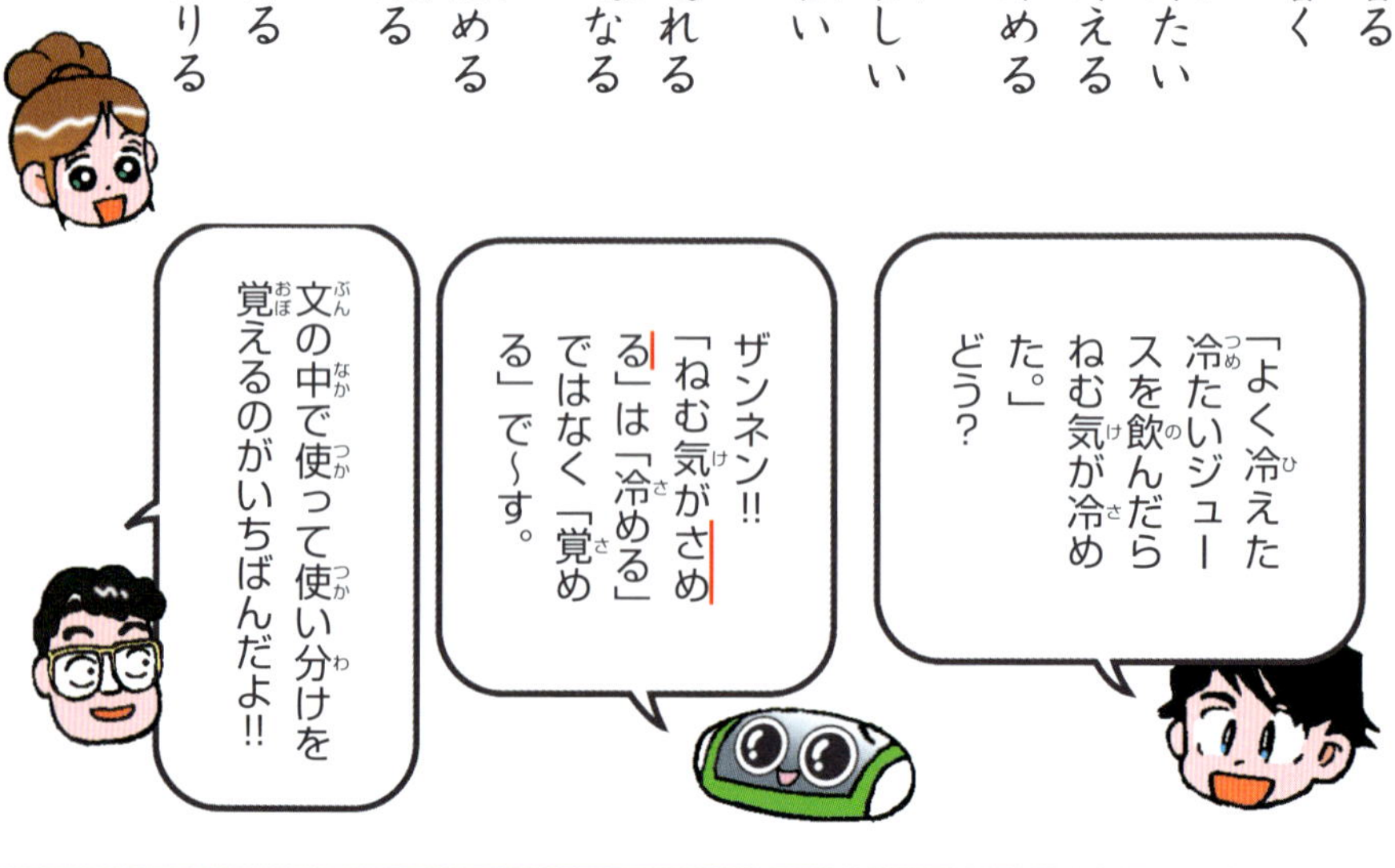
「よく冷《ひ》えた冷《つめ》たいジュースを飲《の》んだらねむ気《け》が冷《さ》めた。」どう?
ザンネン!!「ねむ気《け》がさめる」は「冷《さ》める」ではなく「覚《さ》める」で〜す。
文《ぶん》の中《なか》で使《つか》って使《つか》い分《わ》けを覚《おぼ》えるのがいちばんだよ!!

2 送《おく》りがなをまちがえやすい漢字《かんじ》50

・*商《あきな》う
・集《あつ》まる
・浴《あ》びる
・危《あぶ》ない
・*操《あやつ》る
・改《あらた》める
・頂《いただ》く
・*著《いちじる》しい

・営《いとな》む
・*承《うけたまわ》る
・敬《うやま》う
・補《おぎな》う
・幼《おさな》い
・*訪《おとず》れる
・*省《かえり》みる
・必《かなら》ず

・厳《きび》しい
・*究《きわ》める
・険《けわ》しい
・快《こころよ》い
・試《こころ》みる
・断《ことわ》る
・転《ころ》がる
・逆《さか》らう

・*授《さず》ける
・*健《すこ》やか
・*速《すみ》やか
・備《そな》える
・耕《たがや》す
・訪《たず》ねる
・直《ただ》ちに
・*費《つい》やす
・届《とど》ける

・整《ととの》える
・唱《とな》える
・*和《なご》む
・*映《は》える
・省《はぶ》く
・率《ひき》いる
・再《ふたた》び
・*朗《ほが》らか
・全《まった》く

・短《みじか》い
・向《む》かう
・*報《むく》いる
・難《むずか》しい
・最《もっと》も
・易《やさ》しい
・*和《やわ》らぐ
・喜《よろこ》ぶ

〈注〉*は、中学校《ちゅうがっこう》で習《なら》う読《よ》み方《かた》。

かなづかい編《へん》

かなづかいならぼく自信《じしん》アリだよ!!
ホント?
かなづかいとは、言葉《ことば》をかなで書《か》くときの書《か》き表《あらわ》し方《かた》のきまりだよ。
では次《つぎ》のかなづかいで正《ただ》しいのはどっち?
氷
㋐こうり
㋑こおり
王様
㋐おうさま
㋑おおさま
なーんだ、カンタンさ。どっちも㋐!!
では、おじさん判定《はんてい》をどうぞ!
王様《おうさま》にはなれたけど、〝氷《こおり》〟は食《た》べられないね!「㋑こおり」が正解《せいかい》!
エーッ、どうして!? パーフェクトだと思《おも》ったのに…。
チェックパネルで復習《ふくしゅう》すれば今度《こんど》こそパーフェクトです!

覚《おぼ》えよう

かなづかいの原則《げんそく》は、発音《はつおん》どおりだけど、例外《れいがい》も多《おお》いんだ。

1 のばす音《おん》（長音《ちょうおん》）

・「アー」→「あ」をそえる。 例 おかあさん
・「イー」→「い」をそえる。 例 にいさん
・「ウー」→「う」をそえる。 例 くうき
・「エー」→「え」をそえる。 例 おねえさん
・「オー」→「う」をそえる。 例 おうさま

例外

㋐「エー」の音《おん》を「い」と書《か》くもの

例
えいが（映画）／せんべい
けいさん（計算）／すいえい（水泳）
へいき（平気）／とけい（時計）
せいくらべ（背比べ）

㋑「オー」の音《おん》を「お」と書《か》くもの

例
おおい（多い）／こおろぎ
とおい（遠い）／おおかみ
とおる（通る）／ほおずき
いきどおる

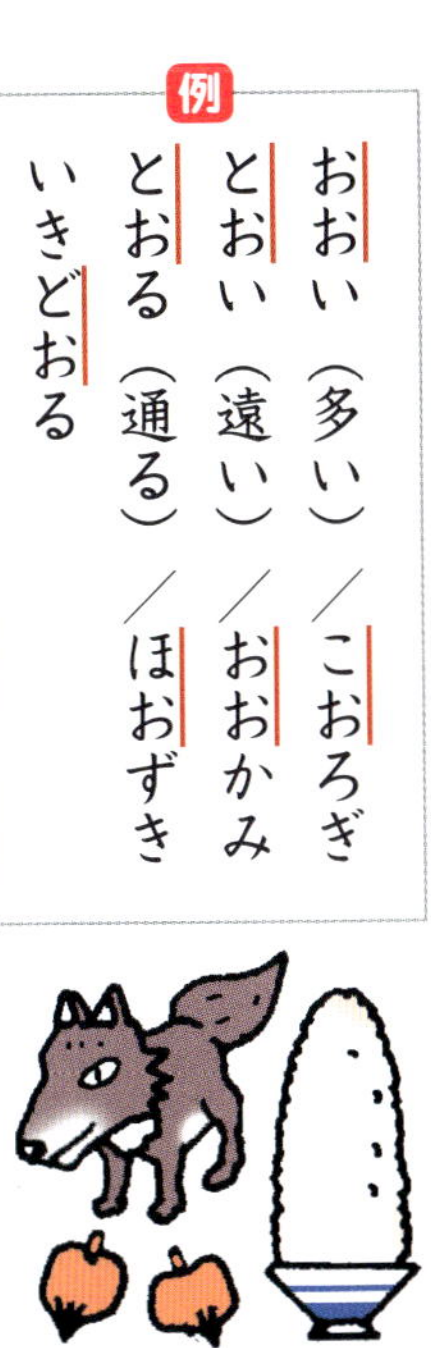

2 「ジ・ズ」の音《おん》を「ぢ・づ」と書《か》くもの

㋐「ち・つ」で始《はじ》まる言葉《ことば》の前《まえ》にほかの言葉《ことば》がついてにごるとき。

例
はなぢ（鼻《はな》＋血《ち》）
うでぢから（うで＋力《ちから》）
てづくり（手《て》＋作《つく》る）
おりづる（折《お》る＋つる）

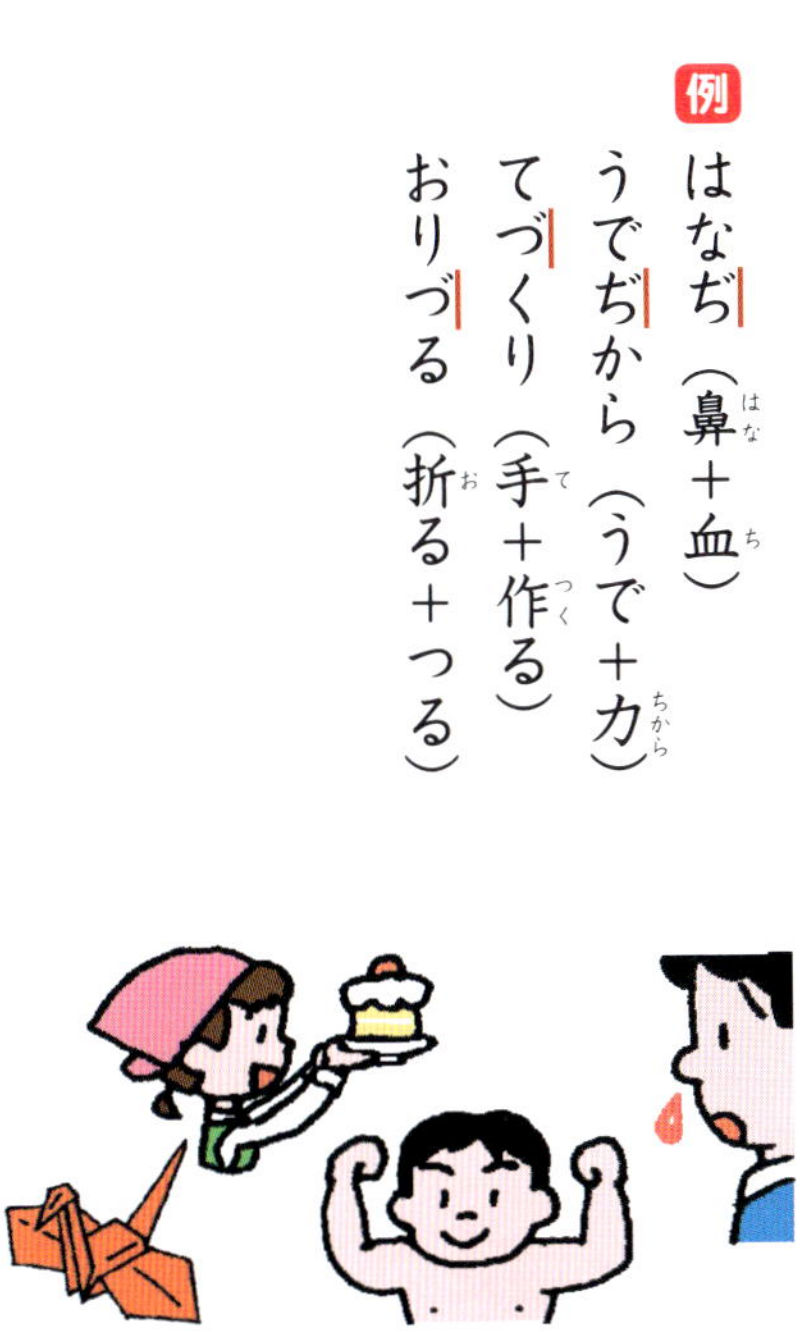

㋑「ち・つ」が重《かさ》なったことで、二《ふた》つめの「ち・つ」の音《おん》がにごったもの。

例 ちぢむ（縮む）
ちぢこまる
つづく（続く）
つづみ

パネルはまだつづくよ!!

3 「ワ・エ・オ」の音《おん》を「は・へ・を」と書《か》くもの

㋐助詞《じょし》の「ワ」

例 わたしは、五年生《ごねんせい》です。
くじらは、ほ乳類《にゅうるい》です。

○こんにちは
×こんにちわ

○こんばんは
×こんばんわ

「今日《こんにち》は…」「今晩《こんばん》は…」からできたあいさつの言葉《ことば》だよ。

㋑助詞《じょし》の「エ」

例 公園《こうえん》へ行《い》く。
スーパーへは五分《ごふん》だ。

㋒助詞《じょし》の「オ」

例 くつを買《か》う。
折《お》り紙《がみ》をする。
おやつをもらう。

4 動詞《どうし》の「言《い》う」をかなで書《か》くとき

例 姉《あね》がいうには…。
そういうときは…。
いうまでもない。

「ユー」と発音《はつおん》しても、かなづかいは「いう」だよ。

5 小《ちい》さく書《か》く字《じ》

ア 「きゃ・きゅ・きょ」などの音《おん》にふくまれる「や・ゆ・よ」は、小《ちい》さく書《か》く。

例 はいしゃ（歯医者）
あくしゅ（あく手）
しょくじ（食事）

イ つまる音《おん》（っ）は小《ちい》さく書《か》く

例 きって（切手）／らっぱ
はっぱ（葉っぱ）／かっぱ

小《ちい》さな「や・ゆ・よ」をふくむ音《おん》を拗音《ようおん》、小《ちい》さな「っ」を促音《そくおん》というよ。

低学年《ていがくねん》で学習《がくしゅう》したことをしっかり思《おも》い出《だ》してね!!

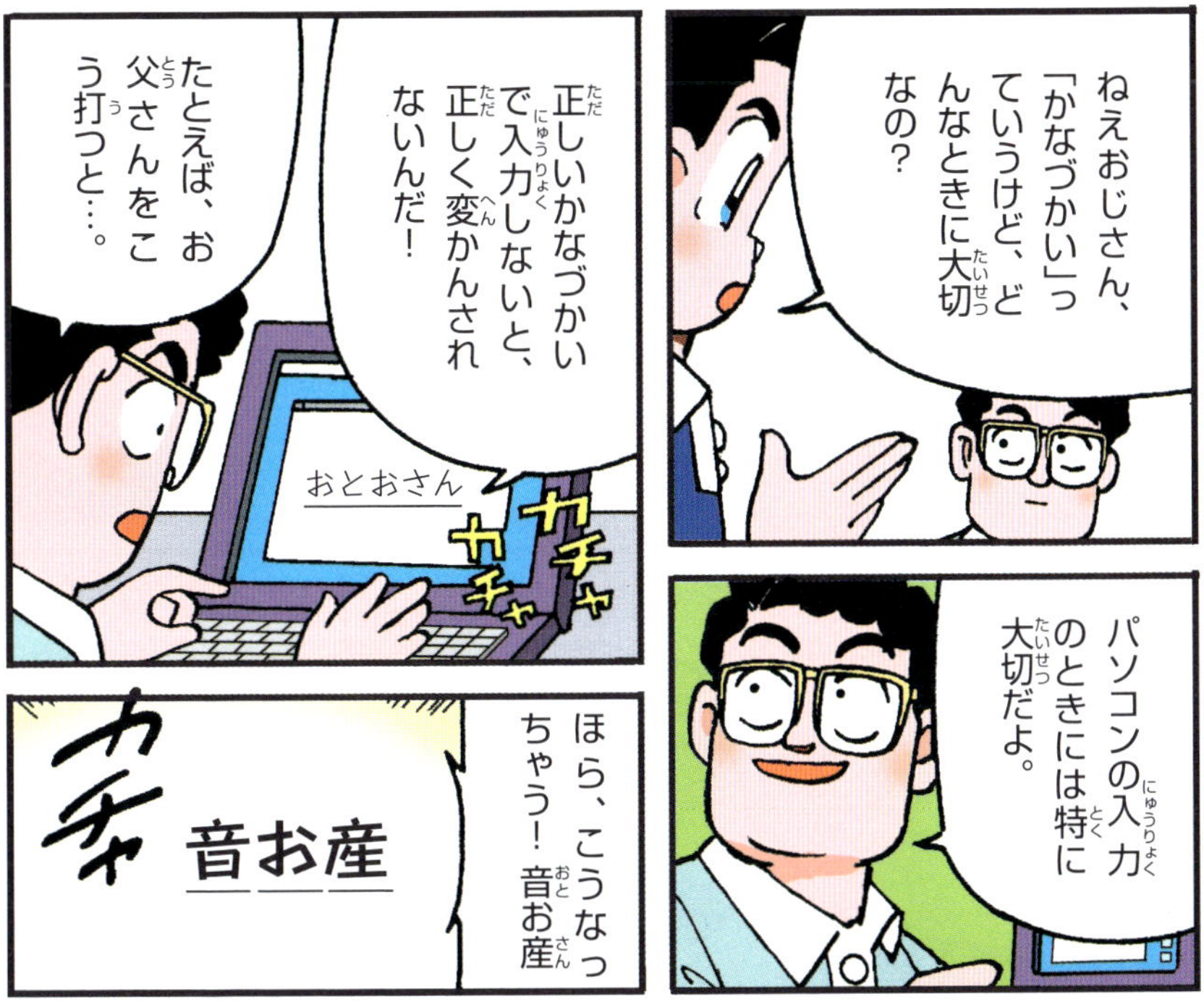
ねえおじさん、「かなづかい」っていうけど、どんなときに大切《たいせつ》なの？
パソコンの入力《にゅうりょく》のときには特《とく》に大切《たいせつ》だよ。
正《ただ》しいかなづかいで入力《にゅうりょく》しないと、正《ただ》しく変《へん》かんされないんだ！
たとえば、お父《とう》さんをこう打《う》つと…。
おとおさん
カチャカチャ
ほら、こうなっちゃう！音《おと》お産《さん》
カチャ
音お産

※パソコンの環境《かんきょう》によってちがいます。

言《こと》葉《ば》編《へん》

いよいよ「言葉編《ことばへん》」だね。ぼく、期待《きたい》に胸《むな》さわぎがしているよ。
んもう、ゲンゴくんたら。早《はや》くもまちがえてる〜。
こりゃコーチのしがいがありそうだ。

え? ぼく何《なに》をまちがえたの?
×期待《きたい》に胸《むな》さわぎがする。
○期待《きたい》に胸《むね》がおどる。
「胸《むな》さわぎがする」は、心配事《しんぱいごと》があったりして落《お》ち着《つ》かないときの様子《ようす》を表《あらわ》す言葉《ことば》だよ。

「胸《むね》がおどる」は、わくわくするときです。

こうした言葉《ことば》のうっかりミスも、意外《いがい》に多《おお》いよ。
ハ〜イ!!
今回《こんかい》のパネルは、○×式《しき》にしてあるので、○のほうをしっかり身《み》につけてください。

覚《おぼ》えよう①

他《た》の言葉《ことば》と誤《あやま》りやすいもの

似《に》たような言《い》い回《まわ》しだから、他《た》の言葉《ことば》と誤《あやま》ってしまうのよね。

○愛《あい》きょうをふりまく
×愛想《あいそう》をふりまく

「人《ひと》に好《す》かれる表情《ひょうじょう》やふるまいをする。」

○首《くび》をかしげる
×頭《あたま》をかしげる

「へんだと思《おも》い、首《くび》を曲《ま》げる。」

○笑《え》みがこぼれる
×笑顔《えがお》がこぼれる

「笑《わら》いが心《こころ》の中《なか》からあふれ出《で》ているような様子《ようす》。」

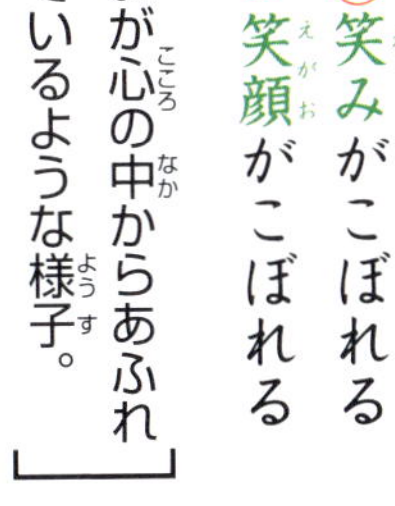

○女手《おんなで》一《ひと》つで育《そだ》てる
×女手《おんなで》一人《ひとり》で育《そだ》てる

「一人《ひとり》の女《おんな》の力《ちから》だけで育《そだ》てる。」

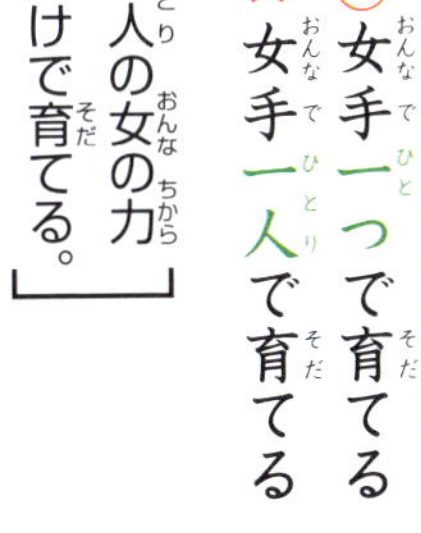

○熱《ねつ》にうかされる
×熱《ねつ》にうなされる

「高熱《こうねつ》のために意識《いしき》が正常《せいじょう》でなくなる。」

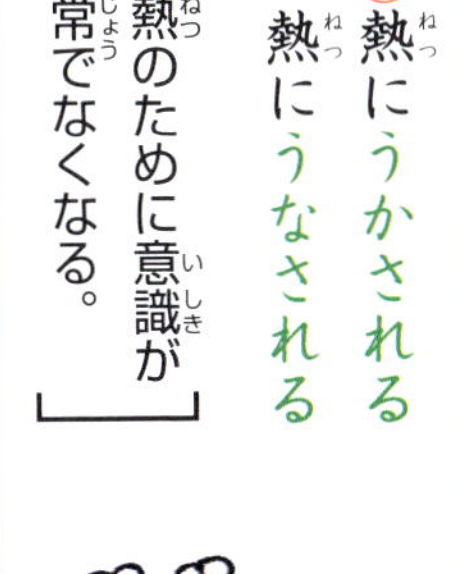

○舌《した》の根《ね》のかわかぬうち
×舌《した》の先《さき》のかわかぬうち

「すぐ前《まえ》に言《い》ったことを忘《わす》れたように、逆《ぎゃく》のことを言《い》ったりすること。」

○将棋《しょうぎ》を指《さ》す
×将棋《しょうぎ》を打《う》つ

「将棋《しょうぎ》をする」こと。碁《ご》の場合《ばあい》は「打《う》つ」。

○念頭《ねんとう》に置《お》く
×念頭《ねんとう》に入《い》れる

「いつも忘《わす》れないで覚《おぼ》えていること。」

なにごとも正確《せいかく》に!

○のべつ幕《まく》なし
×のべつひまなし

「舞台《ぶたい》の幕《まく》が閉《し》まることがないくらい、ひっきりなしに続《つづ》く様子《ようす》。」

はいコレ、次《つぎ》にコレ、次《つぎ》に…

○はらわたがにえくり返《かえ》る
×腹《はら》がにえくり返《かえ》る

「とても腹《はら》が立《た》つ様子《ようす》をたとえる言葉《ことば》。」

○的《まと》を射《い》る
△的《まと》を得《え》る

「物事《ものごと》の大事《だいじ》な点《てん》をとらえる。」

的《まと》は弓《ゆみ》で射《い》るものよ!

覚《おぼ》えよう②

使《つか》い方《かた》を誤《あやま》りやすいもの

今度《こんど》は、使《つか》い方《かた》を誤《あやま》りやすいものだよ。

○あわや大事故《だいじこ》になるところだった。
×あわや大発見《だいはっけん》になるところだった。

▼「あわや」は「あぶなく…するところ」の意味《いみ》なので、よい結果《けっか》の場合《ばあい》は使《つか》わない。

○かかりつけの医者《いしゃ》に行《い》く。
×かかりつけのスーパーに行《い》く。

▼「かかりつけ」は、いつもみてもらっている医者《いしゃ》の場合《ばあい》だけ。「よく行《い》く」の場合《ばあい》は「行《い》きつけ」。

○小春日和《こはるびより》の十一月《じゅういちがつ》のある日《ひ》。
×小春日和《こはるびより》の三月《さんがつ》のある日《ひ》。

▼「小春日和《こはるびより》」は、初冬《しょとう》のおだやかでぽかぽかした気候《きこう》のこと。

○出来上《できあ》がりのよさに舌《した》を巻《ま》く。
×あまりの出来《でき》の悪《わる》さに舌《した》を巻《ま》く。

▼「舌《した》を巻《ま》く」は、「言葉《ことば》が出《で》ないほど感心《かんしん》する」ことなので、悪《わる》い意味《いみ》では使《つか》わない。

○耳《みみ》ざわりな音《おと》だ。
△耳《みみ》ざわりのよい音《おと》だ。

▼「耳障《みみざわ》り」は「聞《き》いていやな感《かん》じ」、「耳触《みみざわ》り」は「聞《き》いてよい感《かん》じ」。

ふ号《ごう》編《へん》

わたしと妹《いもうと》は、五才《ごさい》ちがいです。

きのう、妹《いもうと》が
「お姉《ねえ》さん、『あらしの夜《よる》に』って
いう物語《ものがたり》、読《よ》んだことある?」

と、言《い》いました。

赤《あか》くなっているところがふ号《ごう》だよ。

なーんだ、「、」《てん》や「。」《まる》などのことかあ。

ゲンゴくん、またまた自信《じしん》たっぷりのようですね。じゃあ、これはどんなときに使《つか》うふ号《ごう》か、知《し》っていますか?
・
(中点《なかてん》)
エー、そ、そう急《きゅう》に言《い》われてもォ…。
この野菜《やさい》ジュースには、
ほうれん草《そう》・トマト・
ピーマン・セロリが
入《はい》っている。
・(中点《なかてん》)は、このように言葉《ことば》を並《なら》べるときに使《つか》うよ。
すみません!早《はや》とちり・あわてすぎ・自信《じしん》かじょうでした!

覚《おぼ》えよう

1 ふ号《ごう》の名前《なまえ》と働《はたら》き

。(句点《くてん》)→文《ぶん》の終《お》わりに打《う》つ。

、(読点《とうてん》)→文《ぶん》のとちゅうの意味《いみ》の切《き》れ目《め》に打《う》つ。

「」(かぎ)→会話《かいわ》、題名《だいめい》、本《ほん》などからの引用《いんよう》文《ぶん》、思《おも》ったことなど、いろいろな場合《ばあい》に使《つか》う。

『』(二重《にじゅう》かぎ)→「」《かぎ》の中《なか》で、さらにかぎを使《つか》わなければならないときや、書名《しょめい》に使《つか》う。

・(中点《なかてん》)→いくつかの言葉《ことば》を並《なら》べるときに使《つか》う。

―(ダッシュ)→文《ぶん》の終《お》わりを言《い》い切《き》らずに止《と》めるときや、前《まえ》の言葉《ことば》に対《たい》して説《せつ》明《めい》を加《くわ》えるときに使《つか》う。

例
・男《おとこ》は、席《せき》を立《た》った。しかし――。
・その日《ひ》―祖父《そふ》の命日《めいにち》―は、朝《あさ》から雲一《くもひと》つない晴天《せいてん》だった。

()(かっこ)→言葉《ことば》の意味《いみ》を説明《せつめい》したり、内容《ないよう》を補《おぎな》ったりするときに使《つか》う。

例
・一九四五(昭和二〇《しょうわにじゅう》)年《ねん》の八月《はちがつ》…。

…(点線《てんせん》)→会話《かいわ》をとちゅうで止《と》めたり、はっきり言《い》い切《き》らないときなどに使《つか》う。

こうして見《み》てみると、どれもけっこう使《つか》っているわよね。

?

(疑問符《ぎもんふ》)→問《と》いかけたり、疑問《ぎもん》を表《あらわ》したりする文《ぶん》の終《お》わりに、句点《くてん》の代《か》わりにつける。

「?」のことを「クエスチョンマーク」ともいうよね。

!

(感嘆符《かんたんふ》)→感動《かんどう》や強《つよ》い命令《めいれい》・呼《よ》びかけなどの文末《ぶんまつ》につける。

ー

(ハイフン)→二語以上《にごいじょう》に分《わ》かれている外来語《がいらいご》のつなぎとして使《つか》う。

例

・スペース‐シャトル

・ヘレン=ケラー

外国人《がいこくじん》の名前《なまえ》のつなぎには、「=(ダブルハイフン)」が使《つか》われるのがふつうだよ。

2 読点《とうてん》の使《つか》い方《かた》に注意《ちゅうい》

・わたしはゲンゴくんと姉《あね》のためのプレゼントを買《か》いに行《い》った。

①わたしは、ゲンゴくんと…行《い》った。

②わたしはゲンゴくんと、姉《あね》の…行《い》った。

二通《ふたとお》りの意味《いみ》の文《ぶん》ができちゃう!

"どこで点《てん》を打《う》つか"、ここが分《わ》かれ道《みち》だよ!

・赤《あか》い屋《や》根《ね》の丸《まる》い家《いえ》がある。

①赤《あか》い、屋《や》根《ね》の丸《まる》い家《いえ》がある。
②赤《あか》い屋《や》根《ね》の、丸《まる》い家《いえ》がある。

さあ、この①・②の文《ぶん》に合《あ》う絵《え》はどれかな?

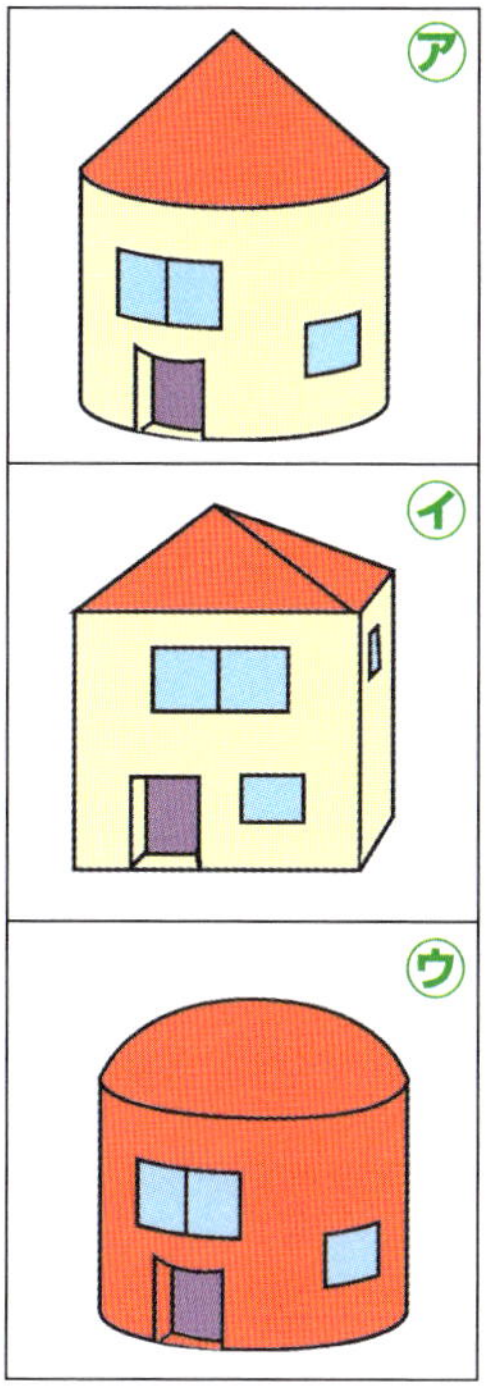

①がウ、②がアで〜す。

ピンポーン!!

・きのう落《お》としたさいふが見《み》つかった。

③さいふを落《お》としたのが「きのう」だとはっきりわかる文《ぶん》。
④落《お》としたさいふが見《み》つかったのが「きのう」だとはっきりわかる文《ぶん》。

・きのう ア 落《お》とした イ さいふが ウ 見《み》つかった。

ではお二人《ふたり》さん、③・④に合《あ》う文《ぶん》にするためには、ア〜ウのどこに点《てん》を打《う》つ?

おまかせ!
③—ウ
④—ア

パチパチ

おみごと!!

たしかめドリル<5>

（答《こた》えは239ページ）

1

誤《あやま》って使《つか》っている漢字《かんじ》の右《みぎ》に──を引《ひ》き、（　）に同《おな》じ読《よ》み方《かた》の正《ただ》しい漢字《かんじ》を書《か》きましょう。

(1) 直経五《ちょっけいご》センチメートルの円《えん》をかく。（　　）
(2) 窓《まど》を空《あ》けて、外《そと》の空気《くうき》を入《い》れる。（　　）
(3) 話《はなし》に対《たい》して復数《ふくすう》の質問《しつもん》が出《だ》された。（　　）
(4) 村山《むらやま》くんはクラスでいちばん足《あし》が早《はや》い。（　　）
(5) 祖母《そぼ》はいつも建康《けんこう》に気《き》をつけている。（　　）
(6) 幼《おさな》い女《おんな》の子《こ》が大声《おおごえ》で鳴《な》いている。（　　）
(7) 今朝《けさ》の最底気温《さいていきおん》はマイナス三度《さんど》だった。（　　）
(8) お湯《ゆ》が熱《あつ》すぎるので、覚《さ》ます。（　　）
(9) 転居《てんきょ》したおばさんの家《いえ》を訪門《ほうもん》する。（　　）
(10) 春《はる》から夏《なつ》へと季節《きせつ》が写《うつ》る。（　　）

2

次《つぎ》の文《ぶん》の｛　｝の熟語《じゅくご》のうち、正《ただ》しいほうの記号《きごう》を○で囲《かこ》みましょう。

(1) 兄《あに》が犬《いぬ》をこわがるとは｛ア 以外《いがい》　イ 意外《いがい》｝だった。
(2) 長《なが》い間《あいだ》のなやみから｛ア 開放《かいほう》　イ 解放《かいほう》｝される。
(3) 日本《にっぽん》の伝統芸能《でんとうげいのう》に｛ア 関心《かんしん》　イ 感心《かんしん》｝がある。
(4) 人《ひと》の意見《いけん》に｛ア 異議《いぎ》　イ 異義《いぎ》｝を唱《とな》える。
(5) 小学生《しょうがくせい》を｛ア 対照《たいしょう》　イ 対象《たいしょう》｝とした絵画教室《かいがきょうしつ》。
(6) 改札口《かいさつぐち》を出《で》る前《まえ》に運賃《うんちん》を｛ア 精算《せいさん》　イ 清算《せいさん》｝する。
(7) かれの人《ひと》がらは私《わたくし》が｛ア 保障《ほしょう》　イ 保証《ほしょう》｝します。
(8) 入賞者《にゅうしょうしゃ》が｛ア 受賞《じゅしょう》　イ 授賞《じゅしょう》｝の喜《よろこ》びを語《かた》る。

3

次《つぎ》の――線《せん》部《ぶ》の言葉《ことば》を漢字《かんじ》で書《か》くときの送《おく》りがなを（　）に書《か》きましょう。送《おく》りがながつかない場合《ばあい》は○を書《か》きましょう。

(1) 水《みず》をあびる。　浴（　　）

(2) 畑《はたけ》をたがやす。　耕（　　）

(3) 説明《せつめい》をはぶく。　省（　　）

(4) 駅《えき》へむかう。　向（　　）

(5) きびしい暑《あつ》さ。　厳（　　）

(6) 夜道《よみち》はあぶない。　危（　　）

(7) あきらかなまちがい。　明（　　）

(8) 空《そら》を行《い》くがんのむれ。　群（　　）

(9) こころざしを立《た》てる。　志（　　）

(10) 夏《なつ》のおわり。　終（　　）

(11) こづつみを受《う》け取《と》る。　小包（　　）

(12) ただちに出発《しゅっぱつ》する。　直（　　）

(13) もっとも高《たか》い山《やま》。　最（　　）

(14) ふたたび会《あ》う。　再（　　）

4

次《つぎ》の言葉《ことば》の書《か》き方《かた》が正《ただ》しければ○を、まちがっている場合《ばあい》は正《ただ》しい書《か》き方《かた》で、（　）に書《か》きましょう。

(1) せんべい（　　）

(2) うでどけえ（　　）

(3) こうろぎ（　　）

(4) おかあさん（　　）

(5) ねえさん（　　）

(6) おおどうり（　　）

(7) とっきゅう（　　）

(8) ほおちょう（　　）

5

かなづかいに気《き》をつけて、次《つぎ》の言葉《ことば》を全部《ぜんぶ》ひらがなで書《か》きましょう。

(1) 縮む（　　）

(2) 三日月（　　）

(3) 鼻血（　　）

(4) 続き（　　）

(5) 手近（　　）

(6) 巣作り（　　）

6

次《つぎ》の──線《せん》部《ぶ》は、言《い》い方《かた》がまちがっています。あとの（　）に正《ただ》しい言葉《ことば》を書《か》きましょう。

(1) どうしてこんなことになったのだろうと、頭《あたま》をかしげる。
↓（　　　）をかしげる

(2) 熱《ねつ》にうなされて、うわ言《ごと》を言《い》う。
↓熱《ねつ》に（　　　）て

(3) 自分《じぶん》の立場《たちば》を念頭《ねんとう》に入《い》れて行動《こうどう》する。
↓念頭《ねんとう》に（　　　）て

(4) かげ口《ぐち》を言《い》われたと知《し》り、腹《はら》がにえくり返《かえ》る。
↓（　　　）がにえくり返《かえ》る

7

──線《せん》部《ぶ》の言葉《ことば》の使《つか》い方《かた》が正《ただ》しい文《ぶん》には○、まちがっている文《ぶん》には×をつけましょう。

(1)（　）母《はは》は、かかりつけの美容院《びよういん》へ出《で》かけて行《い》った。

(2)（　）話《はな》し合《あ》いがにつまったところで採決《さいけつ》となった。

(3)（　）どこからか耳《みみ》ざわりの美《うつく》しい音楽《おんがく》が聞《き》こえてくる。

(4)（　）せっかくの日曜日《にちようび》が一日雨《いちにちあめ》で、残念《ざんねん》だった。

8

次《つぎ》の文《ぶん》の適当《てきとう》なところに〈　〉のふ号《ごう》をつけ加《くわ》えて、全文《ぜんぶん》を書《か》き直《なお》しましょう。

(1) 公園《こうえん》そうじには、竹《たけ》ぼうきちりとりごみぶくろを手分《てわ》けして持《も》って行《い》くことになっていたがごみぶくろを持《も》って来《き》た人《ひと》が一人《ひとり》もいなかった。
〈読点《とうてん》を一《ひと》つと、中点《なかてん》を二《ふた》つ。〉

(2) 居間《いま》でテレビを見《み》ていたら、台所《だいどころ》にいる姉《あね》に、そこにあるきょうの献立百種類《こんだてひゃくしゅるい》っていう本《ほん》、持《も》って来《き》てくれないと言《い》われました。
〈かぎと二重《にじゅう》かぎを一組《ひとくみ》ずつ、疑問符《ぎもんふ》を一《ひと》つ。〉

⑨表現《ひょうげん》を豊《ゆた》かに

こんにちは。
あれーっ、
ことはちゃんは
まだですか？
おっ、〝口《くち》がかたい〟
ゲンゴくんの
登場《とうじょう》だ。

なんですか、いきなり〝口《くち》がかたいゲンゴくん〟って?

ごめん、ごめん。今《いま》、ことはちゃんからの手紙《てがみ》を読《よ》んでいたところなんだ。

ことはちゃんがスイミング・クラブに行《い》こうとしていることは、ゲンゴくんも知《し》っているよね。

ええ、まあ…。それより、それをどうしておじさんが知《し》っているんですか?

ナルホド「口《くち》がかたい」!

そんなにきんちょうしなくていいよ。ことはちゃんが手紙《てがみ》で知《し》らせてくれてね。

その中《なか》に、きみは〝口《くち》がかたい〟と書《か》いてあったんだ。

なぜ、どうしてこのやわらかい口《くち》を〝かたい〟って言《い》うの?

おじさんへ
いつもレッスンありがとうございます。友達《ともだち》が評判《ひょうばん》のいいスイミング・クラブをしょうかいしてくれました。善《ぜん》は急《いそ》げで来週《らいしゅう》から行《い》こうと思《おも》います。

水泳《すいえい》を習《なら》うこと、まだみんなには知《し》られたくないのですが、ゲンゴくんは、意外《いがい》に口《くち》がかたいので、昨日《きのう》話《はな》しました。

ホントだ!! 「口《くち》がかたいので、…話《はな》しました。」だって…。

「口《くち》がかたい」は、「言《い》ってはならないことを他人《たにん》に決《けっ》して言《い》わない」という意味《いみ》の慣用句《かんようく》だ。

慣用句《かんようく》?

こういうもので、文字通《もじどお》り「口《くち》がかたい」わけではないよ!

慣用句《かんようく》
＊二《ふた》つ以上《いじょう》の言葉《ことば》が合《あ》わさって、ある決《き》まった意味《いみ》を表《あらわ》すもの。
じゃあ、もう一《ひと》つ赤《あか》くしてある「善《ぜん》は急《いそ》げ」も慣用句《かんようく》?

いや、それは「ことわざ」だ。

おそくなりました～

ああ～っ、わたしの手紙《てがみ》!!はずかしいわ！どうして？

慣用句《かんようく》・ことわざなどを上手《じょうず》にもりこんだ文《ぶん》なので、今日《きょう》のレッスンにぴったりなんだ。

でも、ぼくはこの「意外《いがい》に」が今《いま》イチ気《き》に入《い》らないな！

それに“善《ぜん》は急《いそ》げ”は「ことわざ」っていう説明《せつめい》も、まだとちゅうです！

ことわざ
＊昔《むかし》から言《い》い伝《つた》えられてきた、生活《せいかつ》の知《ち》えや教《おし》えを表《あらわ》している短《みじか》い言葉《ば》。
ハイ、ハイ、まず「ことわざ」は、こういうものだ。

そして、「善《ぜん》は急《いそ》げ」の意味《いみ》はこうですが、これをそのまま書《か》けば、だらだらと長《なが》くなります。
◎善《ぜん》は急《いそ》げ
よいことだと思《おも》ったらためらわずに、なるべく早《はや》く実行《じっこう》せよ。

そんなとき、慣用句《かんようく》やことわざを使《つか》えばすっきりとした文《ぶん》になるわ。

ただ、慣用句《かんようく》やことわざを文中《ぶんちゅう》で生《い》き生《い》きと使《つか》うには、次《つぎ》のことができないととんでもないことになる！
※慣用句《かんようく》・ことわざの意味《いみ》や使《つか》い方《かた》を正《ただ》しく身《み》につける!!
どういうことですか？
……ゲンゴくんは意外《いがい》に口《くち》が軽《かる》いので……
例《たと》えば、「口《くち》がかたい」ことはちゃんが「口《くち》が軽《かる》い」と書《か》き誤《あやま》ったとすると…。
「口《くち》が軽《かる》い」はおしゃべりの意味《いみ》になりま～す！
ペラ ペラ ペラ
ヤダヨー、そんなの～！
表現力《ひょうげんりょく》を増《ま》すためには、言葉《ことば》の知識《ちしき》も大切《たいせつ》だよ。
ハア～イ
では、慣用句《かんようく》・ことわざからスタート！

パワーUP《アップ》 慣用句《かんようく》

意味《いみ》はもちろんだけど、例で使《つか》い方《かた》をしっかり覚《おぼ》えよう!

足《あし》が出《で》る

▼予定《よてい》よりも出費《しゅっぴ》が多《おお》くなり、赤字《あかじ》になる。

例 プレゼントを買《か》い過《す》ぎて、**足《あし》が出《で》て**しまった。

足《あし》が棒《ぼう》になる

▼長時間《ちょうじかん》立《た》ち続《つづ》けたり歩《ある》き続《つづ》けたりして、足《あし》がとてもつかれる。

例 **足《あし》が棒《ぼう》になる**くらいさがし回《まわ》ったが、その家《いえ》はなかなか見《み》つからなかった。

頭《あたま》が下《さ》がる

▼感心《かんしん》し、えらいなという気持《きも》ちになる。

例 ボランティア活動《かつどう》にはげむ木《き》村《むら》くんの姿勢《しせい》に**頭《あたま》が下《さ》がる**。

うでが上《あ》がる

▼上手《じょうず》になる。「うでを上《あ》げる」ともいう。

例 ピアノの**うでが上《あ》がる**。

うでをふるう

▼自分《じぶん》の力《ちから》を十分《じゅうぶん》に出《だ》し切《き》る。

例 母《はは》が**うでをふるって**作《つく》った料《りょう》理《り》が、テーブルに並《なら》ぶ。

馬《うま》が合《あ》う

▼気《き》が合《あ》う。

例 ぼくと林《はやし》くんは、とても**馬《うま》が合《あ》う**。

もともとは、「馬《うま》と乗《の》り手《て》の気持《きも》ちがぴったり合《あ》う」という意味《いみ》だよ。

顔《かお》がきく

▼相手《あいて》に対《たい》して力《ちから》や信用《しんよう》があり、無《む》理《り》を言《い》ってもきいてもらえる。

例 おじさんは、あのレストランに**顔《かお》がきく**そうだ。

顔《かお》が広《ひろ》い

▼おおぜいの人《ひと》と付《つ》き合《あ》いがある。

例 オリンピック選手《せんしゅ》だったおばさんは、スポーツ界《かい》に**顔《かお》が広《ひろ》い**。

顔《かお》から火《ひ》が出《で》る

▼とてもはずかしくて、顔《かお》が真《ま》っ赤《か》になる。

例 おおぜいの人《ひと》が見《み》ている前《まえ》でしりもちをついてしまい、**顔《かお》から火《ひ》が出《で》る**思《おも》いだった。

かたずをのむ

▼どうなることかと、はらはらしながら見守《みまも》る。

例 試合《しあい》のなりゆきを**かたずをのんで**見《み》つめる。

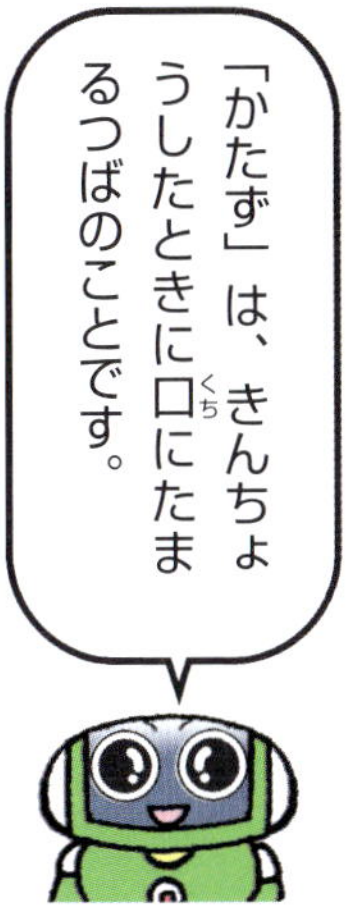
「かたず」は、きんちょうしたときに口《くち》にたまるつばのことです。

肩《かた》の荷《に》が下《お》りる

▼責任《せきにん》や義務《ぎむ》などがなくなり、ほっとする。

例 図書委員《としょいいん》の任期《にんき》が終《お》わり、**肩《かた》の荷《に》が下《お》りた**。

肩《かた》を落《お》とす

▼がっかりする。しょんぼりする。

例 なくしたカギが見《み》つからず、**肩《かた》を落《お》とす**。

気《き》が置《お》けない

▼気《き》がねすることなく、打《う》ちとけられる様子《ようす》。

例 集《あつ》まったのは、**気《き》が置《お》けない**人《ひと》たちばかりだったので、何《なん》の遠《えん》りょもいらず楽《たの》しかった。

×木村《きむら》くんは気《き》が置《お》けないので、かれの前《まえ》ではくだけた話《はなし》はできない。

「気《き》が許《ゆる》せない」の意味《いみ》で使《つか》う誤《あやま》りが多《おお》いよ。注意《ちゅうい》してね。

気《き》をもむ

▼あれこれと心配《しんぱい》する。いらつく。

例 夕食《ゆうしょく》近《ちか》くになっても弟《おとうと》が帰《かえ》ってこないので、母《はは》が**気《き》をもむ**。

口《くち》がすべる

▼言《い》ってはいけないことを、うっかり言《い》ってしまう。

例 兄《あに》に口止《くちど》めされていたのに、つい**口《くち》がすべって**しまった。

口車《くちぐるま》に乗《の》る

▼うまい言《い》い回《まわ》しにだまされる。

例 相手《あいて》の口車《くちぐるま》に乗《の》ってしまい、ひどい目《め》にあった。

ゲーム貸《か》してあげるからさ！

首《くび》を長《なが》くする

▼今《いま》か今《いま》かと待《ま》ちこがれる。

例 いなかの祖母《そぼ》のとう着《ちゃく》を、首《くび》を長《なが》くして待《ま》つ。

雲《くも》をつかむよう

▼ぼんやりしていて、つかみどころがない様子《ようす》。

例 兄《あに》のプランは、おもしろいが雲《くも》をつかむような話《はなし》で、実現《じつげん》は難《むずか》しそうだ。

けりがつく

▼物事《ものごと》の決着《けっちゃく》がつく。

例 もたついた事件《じけん》も、なんとかけりがつきそうだ。

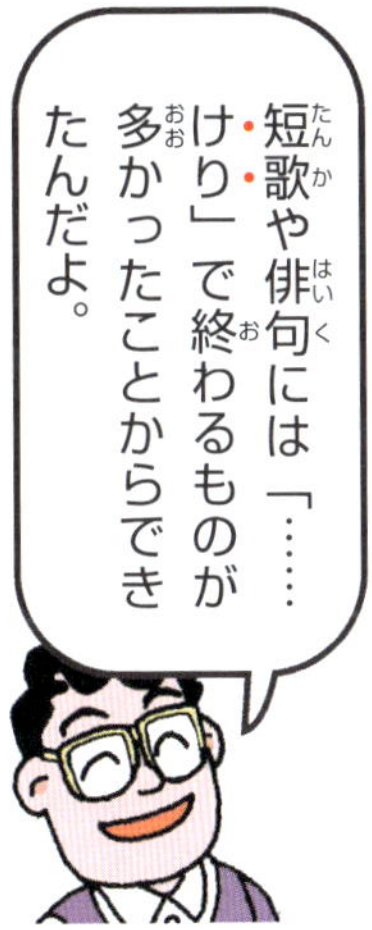
短歌《たんか》や俳句《はいく》には「……けり」で終《お》わるものが多《おお》かったことからできたんだよ。

さじを投《な》げる

▼解決《かいけつ》の見《み》こみがないと、あきらめる。

例 これでだめなら、さじを投《な》げるしかない。

「さじ」は、昔《むかし》、医者《いしゃ》が薬《くすり》を調合《ちょうごう》するときに使《つか》いました。そのさじを投《な》げるということは、治《ち》りょうをやめるということです。

舌《した》つづみを打《う》つ

▼とてもおいしいので、思《おも》わず舌《した》を鳴《な》らす。おいしく食《た》べる様子《ようす》。

例 特製《とくせい》ハンバーグに舌《した》つづみを打《う》つ。

「舌《した》づつみを打《う》つ」ともいうよ。ああ、おいしい!!

舌《した》を巻《ま》く

▼あまりのすばらしさに、とてもおどろいたり感心《かんしん》したりする。

例 村木《むらき》さんのスピーチのうまさに舌《した》を巻《ま》く。

さすが!!

白羽《しらは》の矢《や》が立《た》つ

▼おおぜいの中《なか》から、指名《しめい》されて選《えら》ばれる。

例「子供大使《こどもたいし》」として、大木《おおき》くんに白羽《しらは》の矢《や》が立《た》った。

「白羽《しらは》の矢《や》が当《あ》たる」にしちゃだめよ!

すずめのなみだ

▼量《りょう》がとても少《すく》ないことのたとえ。

例 寄付金《きふきん》は、すずめのなみだほどしか集《あつ》まらなかった。

立《た》て板《いた》に水《みず》

▼すらすらとなめらかに話《はな》す様子《ようす》。

例 ガイドさんの説明《せつめい》は、まさに立《た》て板《いた》に水《みず》だった。

つるのひと声《こえ》

▼力《ちから》をもった人《ひと》のひとこと。

例 夏休《なつやす》みの旅行先《りょこうさき》は、父《ちち》のつるのひと声《こえ》で東北《とうほく》に決《き》まった。

手《て》にあせをにぎる

▼どうなることかと、はらはらする。

例 試合《しあい》は、手《て》にあせをにぎる熱《ねっ》戦《せん》となり、満員《まんいん》の観客《かんきゃく》は、わきにわいた。

スポーツの試《し》合《あい》などに使《つか》われることが多《おお》いよ。

「手《て》にあせをにぎる」ともいうわ。

手《て》を焼《や》く

▼どうすることもできずに困《こま》る。もてあます。

例 やんちゃな弟《おとうと》の世《せ》話《わ》に手《て》を焼《や》く。

のどから手《て》が出《で》る

▼とてもほしくてたまらない。

例 のどから手《て》が出《で》るほどほしかったゲーム機《き》を、買《か》ってもらえることになった。

歯《は》が立《た》たない

▼とてもかなわない。

例 今《いま》のぼくの力《ちから》では、川田《かわだ》くんにはとても歯《は》が立《た》たない。

鼻《はな》が高《たか》い

▼得意《とくい》になる。自《じ》まんに思《おも》う。

例 わがチームは、二年連続《にねんれんぞく》の優《ゆう》勝《しょう》で鼻《はな》が高《たか》い。

優勝

鼻《はな》にかける

▼自《じ》まんしていばる。

例 いくら成績《せいせき》がよくても、それを鼻《はな》にかけるような態度《たいど》は見《み》苦《ぐる》しい。

骨《ほね》を折《お》る

▼苦労《くろう》して一生《いっしょう》けんめいにする。

例 市長《しちょう》は、台風《たいふう》のひ害《がい》にあった人々《ひとびと》のために骨《ほね》を折《お》ると約束《やくそく》した。

水《みず》に流《なが》す

▼これまでのものごとやうらみなどについて、全部《ぜんぶ》なかったことにする。

例 すべて水《みず》に流《なが》して再出発《さいしゅっぱつ》！

これまでのことは、水《みず》に流《なが》しましょ!!

水《みず》のあわ

▼それまでの苦労《くろう》や努力《どりょく》が、むだになること。

例 ここであきらめたら、長《なが》い間《あいだ》の努力《どりょく》が水《みず》のあわになってしまう。

世界一周《せかいいっしゅう》…。

耳《みみ》が痛《いた》い

▼自分《じぶん》の悪《わる》いところや弱《よわ》みを言《い》われて、聞《き》くのがつらい。

例 ぼくは朝《あさ》ねぼうなので、早起《はやお》きの話《はなし》になると、耳《みみ》が痛《いた》い。

耳《みみ》にたこができる

▼同《おな》じことを何度《なんど》も聞《き》かされて、うんざりする。

例 その話《はなし》は、耳《みみ》にたこができるほど聞《き》かされたよ。

海《うみ》にいるたこじゃないよ。「ペンだこ」の「たこ」だよ。

胸《むね》を打《う》つ

▼人《ひと》の心《こころ》を動《うご》かし、感動《かんどう》させる。

例 平和《へいわ》のいのりをこめたこの映《えい》画《が》は、見《み》る人《ひと》すべての**胸《むね》を打《う》った**。

胸《むね》をなで下《お》ろす

▼ほっとする。安心《あんしん》する。

例 いなかで大《おお》きな地《じ》しんがあったが、祖《そ》父《ふ》母《ぼ》は無《ぶ》事《じ》だということがわかり、**胸《むね》をなで下《お》ろした**。

目《め》が高《たか》い

▼人《ひと》やものなどの値《ね》うちを見《み》ぬく力《ちから》がすぐれている。

例 この絵《え》のすばらしさにすぐ気《き》づくとは、さすが**目《め》が高《たか》い**。

目《め》が回《まわ》る

▼とてもいそがしい様《よう》子《す》。

例 引《ひ》っこしの日《ひ》は、朝《あさ》から**目《め》が回《まわ》る**ようないそがしさだった。

「目《め》まいがする」という意味《いみ》でも使《つか》うよ。

焼《や》け石《いし》に水《みず》

▼少《すこ》しばかりの助《たす》けや努力《どりょく》では、もはや効果《こうか》がないことのたとえ。

例 ここまで点差《てんさ》が開《ひら》いてしまったのでは、ヒットの二《に》、三本《さんぼん》が出《で》ても**焼《や》け石《いし》に水《みず》**だ。

1 2 3 4 5
3 2 4 6 3
0 0 0 0 0

少《すこ》しばかりの水《みず》では、焼《や》けた石《いし》はすぐにかわいてしまうよ。

◎→中学《ちゅうがく》以上《いじょう》で習《なら》う漢字《かんじ》
◆→中学《ちゅうがく》以上《いじょう》で習《なら》う読《よ》み方《かた》

パワーUP《アップ》ことわざ

あぶはちとらず

▼二《ふた》つのものを一度《いちど》に手《て》に入《い》れようとして、どっちも得《え》られなくなること。

例 勉強《べんきょう》もスポーツもクラス一《いち》を目指《めざ》したが、あぶはちとらずに終《お》わった。

石橋《いしばし》をたたいてわたる

▼とても用心深《ようじんぶか》く物事《ものごと》を行《おこな》うこと。

例 木村《きむら》さんは、何事《なにごと》も石橋《いしばし》をたたいてわたるタイプだから、検討《けんとう》にはきっと時間《じかん》がかかるはずだ。

かたい石橋《いしばし》はそうかんたんにこわれないね。それでもたたいてみるほど、しんちょうだということ。
意味《いみ》の似《に》ていることわざに「転《ころ》ばぬ先《さき》のつえ」があるわ。

急《いそ》がば回《まわ》れ

▼急《いそ》ぐときには、遠回《とおまわ》りのように思《おも》えても、安全《あんぜん》で確実《かくじつ》な方法《ほうほう》をとったほうが、結局《けっきょく》は早《はや》く物事《ものごと》を成《な》しとげることができる、ということ。

意味《いみ》の似《に》ていることわざに「せいては事《こと》を仕《し》損《そん》じる」があるよ。

例 何《なん》とかしなければと気《き》だけあせっていたが、姉《あね》の「『急《いそ》がば回《まわ》れ』よ。」のひとことで、冷静《れいせい》さを取《と》りもどした。

◎井《い》の中《なか》のかわず大海《たいかい》を知《し》らず

▼ものの見方《みかた》や考《かんが》え方《かた》が、せまいこと。「かわず」は「かえる」のこと。

例 対外試合《たいがいじあい》にも積極的《せっきょくてき》に出《で》るようにしないと、井《い》の中《なか》のかわず大海《たいかい》を知《し》らずになってしまうおそれがある。

「井《い》の中《なか》」は、「井戸《いど》の中《なか》」のことだよ。
外《そと》の世界《せかい》に目《め》を向《む》けない人《ひと》のことを「井《い》の中《なか》のかわず」というのよ。

馬《うま》の耳《みみ》に念仏《ねんぶつ》

▼いくら注意《ちゅうい》しても、言《い》うことをきかないこと。

例 ゲームは一日一時間《いちにちいちじかん》までという母《はは》の注意《ちゅうい》も、弟《おとうと》には馬《うま》の耳《みみ》に念仏《ねんぶつ》のようだ。

南無阿弥陀仏
意味《いみ》の似《に》た熟語《じゅくご》に「馬《ば》耳東風《じとうふう》」があります。

立《た》つ鳥《とり》あとをにごさず

▼その場《ば》を去《さ》るとき、きちんと後始《あとし》末《まつ》をすること。

例 「立《た》つ鳥《とり》あとをにごさずだ」と、キャンプのテントをかたづけたあと、周《まわ》りをきれいにそうじした。

鳥《とり》は飛《と》び立《た》つとき、きれいにするのよね。
「あとは野《の》となれ山《やま》となれ」は、これとは反対《はんたい》の意味《いみ》のことわざだよね。

かっぱの川流《かわなが》れ

＝

弘法《こうぼう》にも筆《ふで》のあやまり

＝

さるも木《き》から落《お》ちる

▼どんな名人《めいじん》でも、またそのことが上手《じょうず》な人《ひと》でも、時《とき》には失敗《しっぱい》することがある。

例 いくら鉄棒《てつぼう》が得意《とくい》だからといっても、かっぱの川流《かわなが》れということもあるから、気《き》をつけて。

泳《およ》ぎの得意《とくい》なボクでも、たまには…ネ！

例 ベテラン俳優《はいゆう》が、せりふをまちがえたらしい。弘法《こうぼう》にも筆《ふで》のあやまりとはこのことだ。

私《わたくし》としたことが!!

「弘法《こうぼう》」は、弘法大《こうぼうだい》師《し》（空海《くうかい》）という昔《むかし》のえらいおぼうさんのことだよ。
書道《しょどう》の名人《めいじん》としても、広《ひろ》く知《し》られている人《ひと》です。

例 あの選手《せんしゅ》が着地《ちゃくち》に失敗《しっぱい》するなんて、まさにさるも木《き》から落《お》ちるだ。

?

木登《きのぼ》り名人《めいじん》のさるでさえも失敗《しっぱい》することがあるということね。
この三《みっ》つと似《に》た意味《いみ》のものに「上手《じょうず》の手《て》から水《みず》がもる」があるんだ。

（注）「上手《じょうず》の手《て》から水《みず》がもれる」ともいいます。

たなからぼたもち

▼思《おも》いがけない幸運《こううん》に出《で》あうこと。

例 姉《あね》からもらったクジが一等《いっとう》だなんて、まさに**たなからぼたもち**だ。

一等賞《いっとうしょう》
「ぼたもち」って「おはぎ」のことさ。
苦労《くろう》せずに幸運《こううん》を手《て》にしたときに使《つか》うよ。

ちりも積《つ》もれば山《やま》となる

▼どんなにわずかなものでも、長《なが》い間《あいだ》かかって数多《かずおお》くたまれば、大《おお》きなものとなる。

例 **ちりも積《つ》もれば山《やま》となる**で、一年生《いちねんせい》のときから始《はじ》めた五《ご》円玉貯金《えんだまちょきん》が、一万円《いちまんえん》をこえた。

こっちのちり（ゴミ）はさっさとかたづけて！

どんぐりの背比《せいくら》べ

▼どれも似《に》たりよったりで、特《とく》にすぐれたものがないこと。

例 今回《こんかい》は、どの作品《さくひん》も**どんぐりの背比《せいくら》べ**といったところで、最優秀賞《さいゆうしゅうしょう》は結局《けっきょく》いなかった。

どんぐり……
どんぐり……
どんぐり……
どれもイマイチ…。
どんぐりって、並《なら》べてみるとどれも背《せ》たけが同《おな》じくらいだわ。

泣《な》きっ面《つら》にはち

▼悪《わる》いことが重《かさ》なって起《お》こること。

例 転《ころ》んで足《あし》をけがし、やっとのことでバス停《てい》に着《つ》いたら、バスはちょうど出発《しゅっぱつ》したところだ。まさに**泣《な》きっ面《つら》にはち**だ。

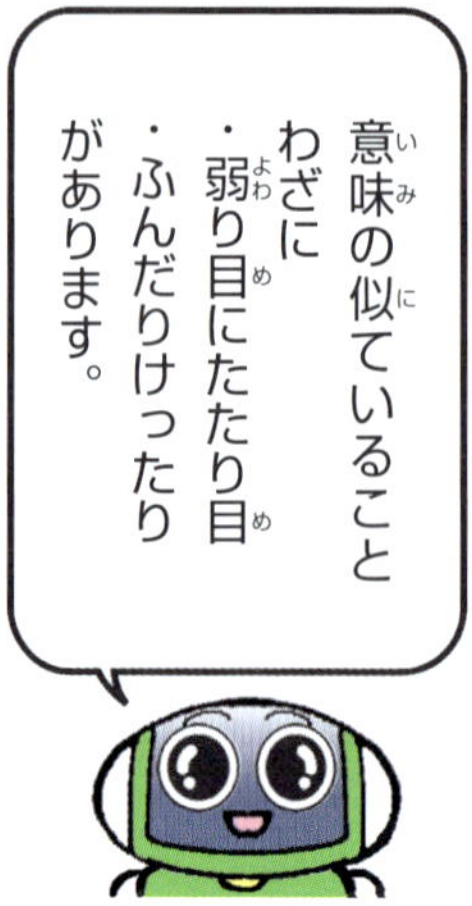
意味《いみ》の似《に》ていることわざに
・弱《よわ》り目《め》にたたり目《め》
・ふんだりけったり
があります。

情《なさ》けは人《ひと》のためならず

▼他人《たにん》に親切《しんせつ》にしておけば、いつかは自分《じぶん》にとって良《よ》いことになるということ。

例 人《ひと》にはなるべく親切《しんせつ》にしたほうがいい。**情《なさ》けは人《ひと》のためならず**という言葉《ことば》もあるからね。

ぼく、今《いま》まで「情《なさ》けは、人《ひと》のためにならない」っていう意味《いみ》だと思《おも》いこんでたよ。
そのかんちがいがとても多《おお》いんだ。「情《なさ》けは人《ひと》のためじゃない、自分《じぶん》のため」と覚《おぼ》えよう！

ぬかにくぎ

▼まったく手《て》ごたえがないこと。

例 厳《きび》しく問《と》いつめたが、相手《あいて》はのらりくらりの返事《へんじ》。まったく**ぬかにくぎ**だよ。

これらも同《おな》じ意味《いみ》のことわざよ。

・のれんにうでおし
・とうふにかすがい

ねこに小判《こばん》

▼いくら価値《かち》のあるものでも、その値《ね》うちがわからない者《もの》には、何《なん》の役《やく》にも立《た》たないこと。

例 ようち園児《えんじ》にそんな高価《こうか》な百科事典《ひゃっかじてん》を買《か》いあたえても、当分《とうぶん》はねこに小判《こばん》だ。

「ぶたに真《しん》じゅ」も同《おな》じような意味《いみ》のことわざだよ。

のどもと過《す》ぎれば熱《あつ》さを忘《わす》れる

▼苦《くる》しみやつらさも、過《す》ぎ去《さ》ってしまえばすっかり忘《わす》れてしまうこと。

例 あんなにしかられたのに、弟《おとうと》はのどもと過《す》ぎれば熱《あつ》さを忘《わす》れるで、テレビゲームに夢中《むちゅう》になっている。

食《た》べたとたんは熱《あつ》いけど、飲《の》みこむあたりから平気《へいき》になるのよね。

百聞《ひゃくぶん》は一見《いっけん》にしかず

▼人《ひと》の話《はなし》を何回《なんかい》も聞《き》くより、一度《いちど》自《じ》分《ぶん》の目《め》で見《み》たほうが、確《たし》かであること。

例 志望《しぼう》の中学《ちゅうがく》は、周《まわ》りのかん境《きょう》がよいと評判《ひょうばん》だ。百聞《ひゃくぶん》は一見《いっけん》にしかずだから、姉《あね》に連《つ》れて行《い》ってもらうつもりだ。

百聞《ひゃくぶん》は「何度《なんど》も人《ひと》から聞《き》くこと」、一見《いっけん》は「一度《いちど》自分《じぶん》の目《め》で見《み》ること」です。

四字熟語《よじじゅくご》

フー、慣用句《かんようく》とことわざをずいぶん習《なら》ったわね。
でも、かたっぱしから忘《わす》れていきそー…。
何事《なにごと》もそう一朝一夕《いっちょういっせき》には身《み》につきませんよ。

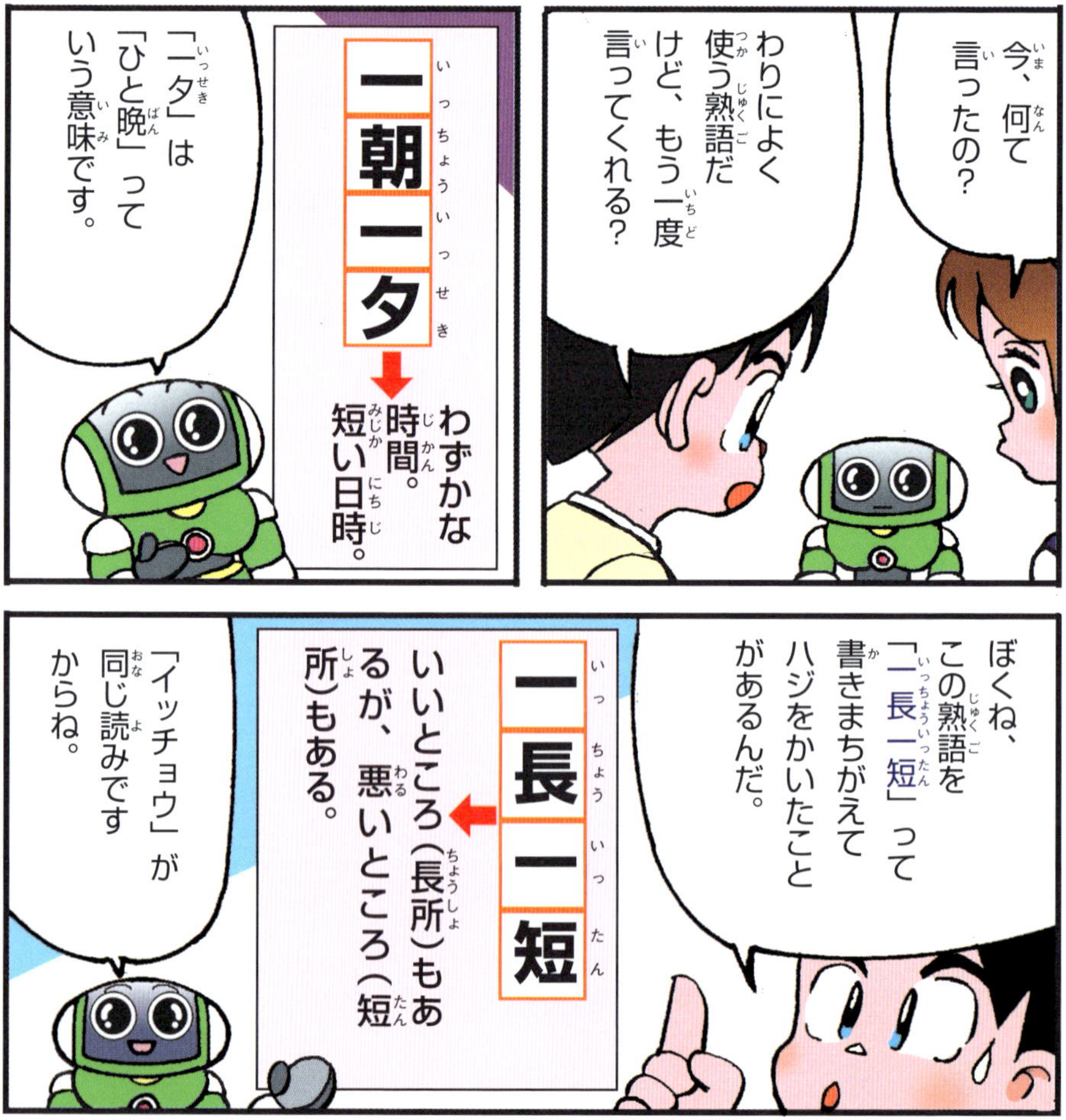
今《いま》、何《なん》て言《い》ったの？
わりによく使《つか》う熟語《じゅくご》だけど、もう一度《いちど》言《い》ってくれる？
一朝一夕《いっちょういっせき》
わずかな時間《じかん》。短《みじか》い日時《にちじ》。
「一夕《いっせき》」は「ひと晩《ばん》」っていう意味《いみ》です。
ぼくね、この熟語《じゅくご》を「一長一短《いっちょういったん》」って書《か》きまちがえてハジをかいたことがあるんだ。
一長一短《いっちょういったん》
いいところ（長所《ちょうしょ》）もあるが、悪《わる》いところ（短所《たんしょ》）もある。
「イッチョウ」が同《おな》じ読《よ》みですからね。

これらの熟語《じゅくご》を四字熟語《よじじゅくご》というが、四字熟語《よじじゅくご》も文《ぶん》をきりっと引《ひ》きしめてくれる。
しかし、知《し》らなきゃ使《つか》えないし、正《ただ》しい使《つか》い方《かた》をしないと逆効果《ぎゃくこうか》だ。
そのとおり！
ゲンゴくん、失敗《しっぱい》がよほどこたえているのね。
ではレッスンを開始《かいし》しよう！
四字熟語《よじじゅくご》の意味《いみ》はもちろん、使《つか》い方《かた》もしっかり覚《おぼ》えてください！
大《だい》じょうぶです。これから一心不乱《いっしんふらん》に勉強《べんきょう》しましょう！
一心不乱《いっしんふらん》
一《ひと》つのことに心《こころ》を集中《しゅうちゅう》し、ほかのことに気《き》をとられないこと。
わあ、また四字熟語《よじじゅくご》だー！
はい、一生懸命《いっしょうけんめい》がんばります！
四字熟語《よじじゅくご》、使《つか》っているじゃない！

パワーUP《アップ》 四字熟語《よじじゅくご》

◎→中学以上《ちゅうがくいじょう》で習《なら》う漢字《かんじ》
◆→中学以上《ちゅうがくいじょう》で習《なら》う読《よ》み方《かた》
二《ふた》つの印《しるし》に注意《ちゅうい》しよう！

意気投合《いきとうごう》

▼おたがいの気持《きも》ちがぴったり合《あ》うこと。

例 小村《こむら》さんとは、初対面《しょたいめん》のときからすっかり意気投合《いきとうごう》した。

異口同音《いくどうおん》

▼多《おお》くの人《ひと》が、口《くち》をそろえて同《おな》じことを言《い》うこと。

例 市民《しみん》ホールの建設《けんせつ》について、住民《じゅうみん》は異口同音《いくどうおん》に賛成《さんせい》した。

ミスるな！ 異句同音 ×

以心伝心《いしんでんしん》

▼言《い》わなくても、たがいの気持《きも》ちや考《かんが》えが通《つう》じ合《あ》うこと。

例 長年《ながねん》バッテリーを組《く》んでいる川田《かわだ》くんとぼくは以心伝心《いしんでんしん》だ。

一日千秋《いちじつせんしゅう》

▼とても待《ま》ち遠《どお》しいこと。

例 引《ひ》っこして行《い》った親友《しんゆう》からの便《たよ》りを一日千秋《いちじつせんしゅう》の思《おも》いで待《ま》つ。

「千秋《せんしゅう》」は「千年《せんねん》」のことです。

「いちにちせんしゅう」ともいいます。

一部始終《いちぶしじゅう》

▼始《はじ》めから終《お》わりまで。すべて。

例 今度《こんど》の事件《じけん》について、知《し》っていることを一部始終《いちぶしじゅう》話《はな》す。

知り得

・始終《しじゅう》＝いつも。しょっちゅう。
・終始《しゅうし》＝始《はじ》めから終《お》わりまでずっと。

一《いち》望《ぼう》千《せん》里《り》

▼ひと目《め》ではるか遠《とお》くまで見《み》わたせること。

例 この展望台《てんぼうだい》からのながめは、実《じっ》に一望千里《いちぼうせんり》だ。

「里《り》」は昔《むかし》のきょりの単位《たんい》だよ。

一《いっ》喜《き》一《いち》憂《ゆう》◎

▼様子《ようす》が変《か》わるたびに、喜《よろこ》んだり心《しん》配《ばい》したりすること。

例 試合《しあい》の流《なが》れが変《か》わるたびに一《いっ》喜《き》一憂《いちゆう》する。

ミスるな!

一喜一優×

「憂《ゆう》」は「心配《しんぱい》する」という意味《いみ》です。

一《いっ》挙《きょ》一《いち》動《どう》

▼一《ひと》つ一《ひと》つの体《からだ》の動《うご》き。

例 コーチの一挙一動《いっきょいちどう》も見《み》のがすまいと、じっと見《み》つめる。

知り得

▼「挙動《きょどう》」という二字熟語《にじじゅくご》がある。「動作《どうさ》・ふるまい」という意味《いみ》。

右《う》往《おう》左《さ》往《おう》

▼あわてて、あっちへ行《い》ったりこっちへ行《い》ったりすること。

例 初《はじ》めて来《き》た町《まち》で道《みち》に迷《まよ》ってしまい、右往左往《うおうさおう》した。

一《いっ》石《せき》二《に》鳥《ちょう》

▼一《ひと》つのことをして、二《ふた》つの利益《りえき》を手《て》にすること。

例 祖父《そふ》のおともで毎朝《まいあさ》ジョギングしている。祖父《そふ》には喜《よろこ》ばれ、ダイエットには役立《やくだ》つし、まさに一石二鳥《いっせきにちょう》だ。

「一《ひと》つの石《いし》を投《な》げて二《に》羽《わ》の鳥《とり》をうち落《お》とす」ということだよ。

完《かん》全《ぜん》無《む》欠《けつ》

▼欠点《けってん》や不足《ふそく》などがまったくなく、完全《かんぜん》であること。

例 完全無欠《かんぜんむけつ》な製品《せいひん》を目指《めざ》して努力《どりょく》している。

「完全《かんぜん》＋無欠《むけつ》」で、似《に》た意味《いみ》の二字熟語《にじじゅくご》の組《く》み合《あ》わせだ。

喜《き》怒《ど》哀《あい》楽《らく》

▼喜《よろこ》び・怒《いか》り・悲《かな》しみ・楽《たの》しみなど、人間《にんげん》がもっているさまざまな感情《かんじょう》。

例 喜怒哀楽《きどあいらく》の激《はげ》しい妹《いもうと》の子《こ》もりは、たいくつはしないが、少《すこ》しつかれる。

危《き》機《き》一《いっ》髪《ぱつ》

▼ギリギリのところまで、危険《きけん》がせまっている状態《じょうたい》。

例 車《くるま》の前《まえ》を走《はし》りぬけようとしたねこは、危機一髪《ききいっぱつ》難《なん》をのがれた。

ミスるな!

危機一発×

「一髪《いっぱつ》」は、わずかなすきまや時間《じかん》の意味《いみ》だよ。

急《きゅう》転《てん》直《ちょっ》下《か》

▼ゆきづまっていた物事《ものごと》が、急《きゅう》に解決《かいけつ》に向《む》かうこと。

例 住民《じゅうみん》の反対《はんたい》で立《た》ち消《ぎ》えになりかけていたマンションの建設《けんせつ》が、急転直下《きゅうてんちょっか》、予定通《よていどお》り進《すす》められることになった。

空《くう》前《ぜん》絶《ぜつ》後《ご》

▼今《いま》までなく、これから先《さき》もないと思《おも》われるような、めずらしいこと。

例 無名《むめい》の歌手《かしゅ》が歌《うた》ったその曲《きょく》は、空前絶後《くうぜんぜつご》のヒットとなった。

似《に》ているものに「前代未聞《ぜんだいみもん》」があります。

公平無私《こうへいむし》

▼自分《じぶん》の都合《つごう》や利益《りえき》を考《かんが》えず、平等《びょうどう》にあつかうこと。

例 今度《こんど》のコーチは、どの選手《せんしゅ》にも公平無私《こうへいむし》な態度《たいど》で接《せっ》するので、信《しん》らいされている。

公明正大《こうめいせいだい》

▼考《かんが》え方《かた》や行《おこな》いが正《ただ》しくて、堂々《どうどう》としている様子《ようす》。

例 政治家《せいじか》には、何《なに》よりも公明正大《こうめいせいだい》さが求《もと》められる。

五里霧中《ごりむちゅう》

▼どうしていいのか迷《まよ》い、まったく見通《みとお》しが立《た》たないこと。

例 会《かい》の運営《うんえい》を任《まか》されたのはいいが、今後《こんご》どう立《た》て直《なお》していくか、まったく五里霧中《ごりむちゅう》だ。

◎◎会

*「里《り》」は昔《むかし》のきょりの単位《たんい》。一里《いちり》は約四《やくよん》キロメートル。

ミスるな!

五里夢中 ×

霧《きり》の中《なか》を歩《ある》くと、前《まえ》がまったく見《み》えないわ。

言語道断《ごんごどうだん》

▼言葉《ことば》では表《あらわ》せないほどひどいこと。もってのほか。

例 無《む》めんきょで、しかも飲酒運《いんしゅうん》転《てん》なんて、言語道断《ごんごどうだん》だ。

「言語《ごんご》」を「ゲンゴ」と読《よ》み誤《あやま》らないでね。

自給自足《じきゅうじそく》

▼生活《せいかつ》に必要《ひつよう》なものを自分《じぶん》で作《つく》ってまかなうこと。

例 祖父母《そふぼ》は、野菜《やさい》だけは自給自足《じきゅうじそく》だと、畑作《はたけづく》りにはげんでいる。

自画自賛《じがじさん》

▼自分《じぶん》で自分《じぶん》をほめること。

例 母《はは》が留守《るす》のとき、父《ちち》が食事《しょくじ》を作《つく》ってくれたのはいいが、一品一品《いっぴんいっぴん》について自画自賛《じがじさん》するのには参《まい》った。

自画《じが》（自分《じぶん》の絵《え》）に自分《じぶん》で賛《さん》（絵画《かいが》に書《か》きそえる詩《し》や文《ぶん》）を書《か》くということからできた言葉《ことば》だよ。

賛《さん》は、ふつう他人《たにん》が書《か》くものなんだよ。

ミスるな！

自我自賛 ×

四苦八苦《しくはっく》

▼とても苦労《くろう》すること。

例 兄《あに》は、パソコンを操作《そうさ》するのに四苦八苦《しくはっく》している。

「四《し》」「八《はっ》」の漢数字《かんすうじ》の読《よ》み方《かた》に気《き》をつけて！

自業◆自得《じごうじとく》

▼自分《じぶん》がした悪《わる》い行《おこな》いのむくいを、自分《じぶん》で受《う》けること。

例 練習《れんしゅう》をなまけたのだから、レギュラーに選《えら》ばれなかったのは自業自得《じごうじとく》だ。

七転八起《しちてんはっき》

▼何度《なんど》失敗《しっぱい》してもくじけずに、そのつどがんばってやり直《なお》すこと。

例 優勝《ゆうしょう》を勝《か》ち取《と》るまでは、七転八起《しちてんはっき》の精神《せいしん》でがんばろう。

「七転《ななころ》び八起《やお》き」ともいうね。

七転八倒◎《しちてんばっとう》

▼七回転《ななかいころ》げ回《まわ》り、八回倒《はっかいたお》れるほど苦《くる》しむこと。

例 食《しょく》あたりをし、七転八倒《しちてんばっとう》の苦《くる》しみを味《あじ》わった。

「しってんばっとう」「しちてんはっとう」とも読《よ》むよ。

弱《じゃく》肉《にく》強《きょう》食《しょく》

▼強《つよ》いものが、弱《よわ》いものをぎせいにして栄《さか》えていくこと。

例 勝負《しょうぶ》の世界《せかい》は、ある面《めん》では弱《じゃく》肉強食《にくきょうしょく》だ。

もともとは、強《つよ》い動物《どうぶつ》が弱《よわ》いものを食《た》べる自然界《しぜんかい》のことを表《あらわ》す言葉《ことば》なんです。

終《しゅう》始《し》一《いっ》貫《かん》◎

▼始《はじ》めから終《お》わりまで変《か》わらないこと。

例 かれの主張《しゅちょう》は、終始一貫《しゅうしいっかん》して同《おな》じだった。

「貫《かん》」は、つらぬくという意味《いみ》の漢字《かんじ》だよ。

十《じゅう》人《にん》十《と》色《いろ》

▼人《ひと》はそれぞれ好《この》みや考《かんが》え方《かた》などがちがうということ。

例 ハイキングの希望地《きぼうち》のアンケートをとったが、十人十色《じゅうにんといろ》で、なかなか決《き》まらない。

心《しん》機《き》一《いっ》転《てん》

▼あることをきっかけに、気持《きも》ちがよい方向《ほうこう》に変《か》わること。

例 今回《こんかい》の逆転負《ぎゃくてんま》けを教訓《きょうくん》にして、心機一転《しんきいってん》チームの団結力《だんけつりょく》を高《たか》める計画《けいかく》を立《た》てる。

ミスるな！ 心気一転 ×

針《しん》小《しょう》棒《ぼう》大《だい》

▼ちょっとしたことなのに、大《おお》げさに言《い》う。

例 あの人《ひと》の話《はなし》は常《つね》に針小棒大《しんしょうぼうだい》だから、そのつもりで聞《き》いてね。

針《はり》ぐらいの小《ちい》さなことを棒《ぼう》のように大《おお》きく言《い》うということだよ。

絶《ぜっ》体《たい》絶《ぜつ》命《めい》

▼とことん追《お》いつめられて、どうしようもない状態《じょうたい》。

例 たび重《かさ》なる失点《しってん》に、とうとう絶体絶命《ぜったいぜつめい》のピンチに追《お》いこまれた。

ミスるな！ 絶対絶命 ×

千差万別《せんさばんべつ》

▼いろいろあって、それぞれがちがっていること。

例 人《ひと》の食《た》べ物《もの》の好《この》みは、千差万《せんさばん》別《べつ》だ。

「せんさまんべつ」とも読《よ》むのよ。

大器晩成《たいきばんせい》

▼大人物《だいじんぶつ》は、若《わか》いころは目立《めだ》たなくても、年《とし》をとってからりっぱになるということ。

例 大器晩成型《たいきばんせいがた》のあの人《ひと》は、四十《よんじっ》才《さい》を過《す》ぎてから、文学《ぶんがく》の世界《せかい》で脚光《きゃっこう》を浴《あ》びるようになった。

単刀直入《たんとうちょくにゅう》

▼前置《まえお》きなどを入《い》れずに、いきなり本題《ほんだい》に入《はい》ること。

例 単刀直入《たんとうちょくにゅう》に言《い》えば、きみの今《いま》の力《ちから》では、合格《ごうかく》は無理《むり》だ。

ミスるな! ×短刀直入

ムリ!

適材適所《てきざいてきしょ》

▼その人《ひと》にふさわしい仕事《しごと》や地位《ちい》につけること。

例 めんどう見《み》のいい木村《きむら》くんが飼育委員《しいくいいん》とは、適材適所《てきざいてきしょ》だ。

二束三文《にそくさんもん》

▼数《かず》が多《おお》い割《わり》には、ねだんがとても安《やす》いこと。

例 古本《ふるほん》を引《ひ》き取《と》ってもらったら、何百冊《なんびゃくさつ》もあったのに、二束三《にそくさん》文《もん》の金額《きんがく》だった。

ミスるな! ×二足三文

「文《もん》」は江戸《えど》時代《じだい》のお金《かね》の単位《たんい》。「三文《さんもん》」は少額《しょうがく》だったんだ。

日《にっ》進《しん》月《げっ》歩《ぽ》

▼毎日毎日《まいにちまいにち》、絶《た》えず進歩《しんぽ》し発展《はってん》していくこと。

例 医学《いがく》の世界《せかい》は、日進月歩《にっしんげっぽ》で進歩《しんぽ》している。

不《ふ》言《げん》実《じっ》行《こう》

▼あれこれ理《り》くつを言《い》わずに、するべきことをだまって実行《じっこう》すること。

例 不言実行《ふげんじっこう》を心《こころ》がけたいが、なかなか思《おも》うようにはいかない。

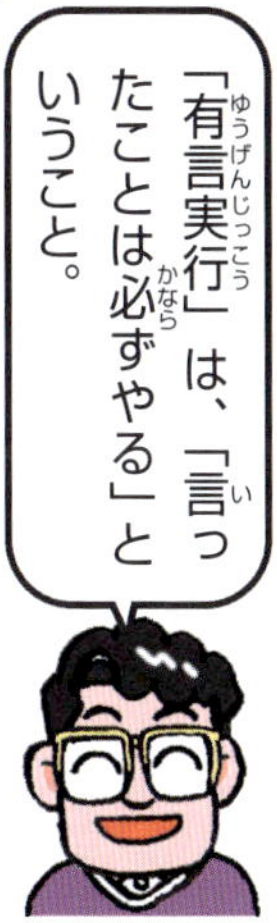
「有言実行《ゆうげんじっこう》」は、「言《い》ったことは必《かなら》ずやる」ということ。

付《ふ》和《わ》雷《らい》同《どう》

▼自分《じぶん》の考《かんが》えがなく、他人《たにん》の意見《いけん》や行動《こうどう》にすぐ従《したが》ってしまうこと。

例 弟《おとうと》は気《き》が弱《よわ》く、付和雷同《ふわらいどう》なところがある。

「雷同《らいどう》」は、雷《かみなり》の音《おと》に周《まわ》りのものが反応《はんのう》すること。

本《ほん》末《まっ》転《てん》倒《とう》

▼物事《ものごと》のあつかいで、大切《たいせつ》なこととつまらないことが逆《ぎゃく》になること。

例 学習室《がくしゅうしつ》ということで部屋《へや》を提供《ていきょう》したのに、ゲームばかりしているとは本末転倒《ほんまつてんとう》だ。

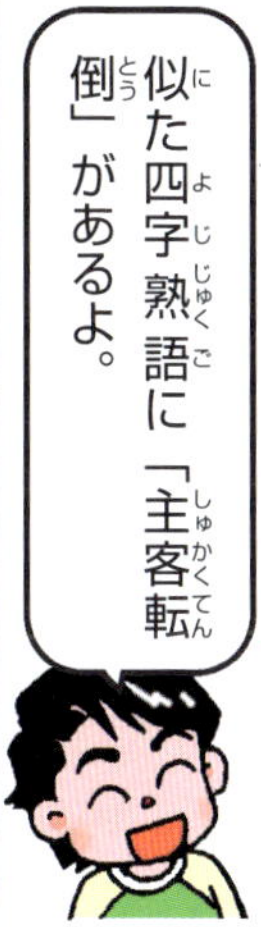
似《に》た四字熟語《よじじゅくご》に「主客転倒《しゅかくてんとう》」があるよ。

無《む》我《が》夢《む》中《ちゅう》

▼あることに心《こころ》をうばわれて、ほかに何《なに》も考《かんが》えられなくなること。

例 乗《の》りおくれそうなので、バス停《てい》まで無我夢中《むがむちゅう》で走《はし》った。

ミスるな！

無我無中 ×

有《ゆう》名《めい》無《む》実《じつ》

▼名前《なまえ》や形《かたち》ばかりで、内容《ないよう》がそれにともなっていないこと。

例 いくらりっぱな規則《きそく》を作《つく》っても、実行《じっこう》する気《き》がないのなら有名無実《ゆうめいむじつ》なものになってしまう。

授業中《じゅぎょうちゅう》は静《しず》かに！

おじさん、「四字熟語《よじじゅくご》」は漢字《かんじ》の誤《あやま》りにも気《き》を配《くば》らなければなりませんね。
あれ、ゲンゴくんまだレッスンですか？
そう、無我夢中《むがむちゅう》なんだ。ぼくの学力《がくりょく》は、日進月歩《にっしんげっぽ》でのびていくのだ！
二人《ふたり》ともすごいねえ。四字熟語《よじじゅくご》をちゃんと使《つか》いこなしているじゃないか！
カッカッ
もうゲンゴくんたら針小棒大《しんしょうぼうだい》なんだから…。
会話《かいわ》で使《つか》ってみて実感《じっかん》したけど、四字熟語《よじじゅくご》を活用《かつよう》できれば、文《ぶん》や会話《かいわ》が引《ひ》きしまるわ！
①意味《いみ》を正《ただ》しく覚《おぼ》える。
②漢字《かんじ》を正《ただ》しく書《か》く!!
そのためには、これを守《まも》れば豊《ゆた》かな表現《ひょうげん》まちがいなし！

和語《わ ご》・漢語《かん ご》・外来語《がい らい ご》

ブンボくん、そこの青《あお》いチョーメン取《と》ってくれる？
ハイ！
"チョーメン"って何《なん》だっけ？

チョーメン（帳面《ちょうめん》）は、ノートのことです。
帳面《ちょうめん》＝ノート
へぇ。
最近《さいきん》では、外来語《がいらいご》の「ノート」のほうが、よく使《つか》われるかもしれないね。
外来語《がいらいご》って、外国《がいこく》から入《はい》ってきて、日本語《にほんご》として使《つか》われている言葉《ことば》よね。
外来語《がいらいご》は、かたかなで書《か》くのがふつうです。
では、表現《ひょうげん》のレッスンのしめくくりは、文《ぶん》の中《なか》での外来語《がいらいご》の使《つか》い方《かた》だよ！

さて、二人《ふたり》に問題《もんだい》だ。次《つぎ》の文《ぶん》の――の言葉《ことば》を外来語《がいらいご》に直《なお》すとしたらどうなる?
①海《うみ》に面《めん》した旅館《りょかん》にとまる。
②サッカーの決《き》まりを覚《おぼ》える。
③ショーウインドーに並《なら》ぶ首《くび》かざり。
・ゲーム
・ルール
・イヤリング
・ネックレス
・ホテル
こちらから選《えら》んでください。
はい、こうです!
①…ホテルにとまる。
②…ルールを覚《おぼ》える。
③…並《なら》ぶネックレス。
正解《せいかい》!「ゲーム」は「試合《しあい》」、「イヤリング」は「耳《みみ》かざり」のことだ。
でも、外来語《がいらいご》を使《つか》うと、何《なに》かがちがうわね。
旅館《りょかん》→ホテル
決《き》まり→ルール
首《くび》かざり→ネックレス
二人《ふたり》とも何《なに》かに気《き》づいたようだね。

意味《いみ》は同《おな》じなんだけど、外来語《がいらいご》を使《つか》って言《い》うほうが、少《すこ》ししゃれた感《かん》じがするわね。
たしかに、「首《くび》かざり」だと犬《いぬ》の首輪《くびわ》を連想《れんそう》しちゃうな。
①の場合《ばあい》、「旅館《りょかん》」だと和風《わふう》のイメージが強《つよ》くなるし、
旅館《りょかん》
ホテル
「ホテル」は洋風《ようふう》のイメージだわ。
意味《いみ》は同《おな》じだけど、受《う》ける感《かん》じは和風《わふう》↔洋風《ようふう》と対照的《たいしょうてき》だね。
旅館《りょかん》
ホテル
旅行者《りょこうしゃ》をとめる目的《もくてき》でつくられた建物《たてもの》。
文中《ぶんちゅう》で使《つか》うときには、このイメージのちがいをよく考《かんが》えて使《つか》ってね。

調子《ちょうし》が出《で》てきたところで、次《つぎ》の問題《もんだい》にアタック！
和語《わご》
①
思《おも》いつき
組《くみ》
漢語《かんご》
旅館《りょかん》
着想《ちゃくそう》
③
外来語《がいらいご》
ホテル
②
クラス
ルール
アイデア
仲間《なかま》
学級《がっきゅう》
宿屋《やどや》
この表《ひょう》のあいているところに入《はい》る言葉《ことば》は、上《うえ》のどれ？
ウーン、今度《こんど》は少《すこ》し難《むずか》しいね！
あらかじめ入《はい》っている言葉《ことば》と似《に》た意味《いみ》の言葉《ことば》が入《はい》るよ。
①宿屋《やどや》
②アイデア
③学級《がっきゅう》
かしら…？
せーかい！
①の「宿屋《やどや》」は、「旅館《りょかん》」よりももっと古《ふる》い感《かん》じがしないかい？

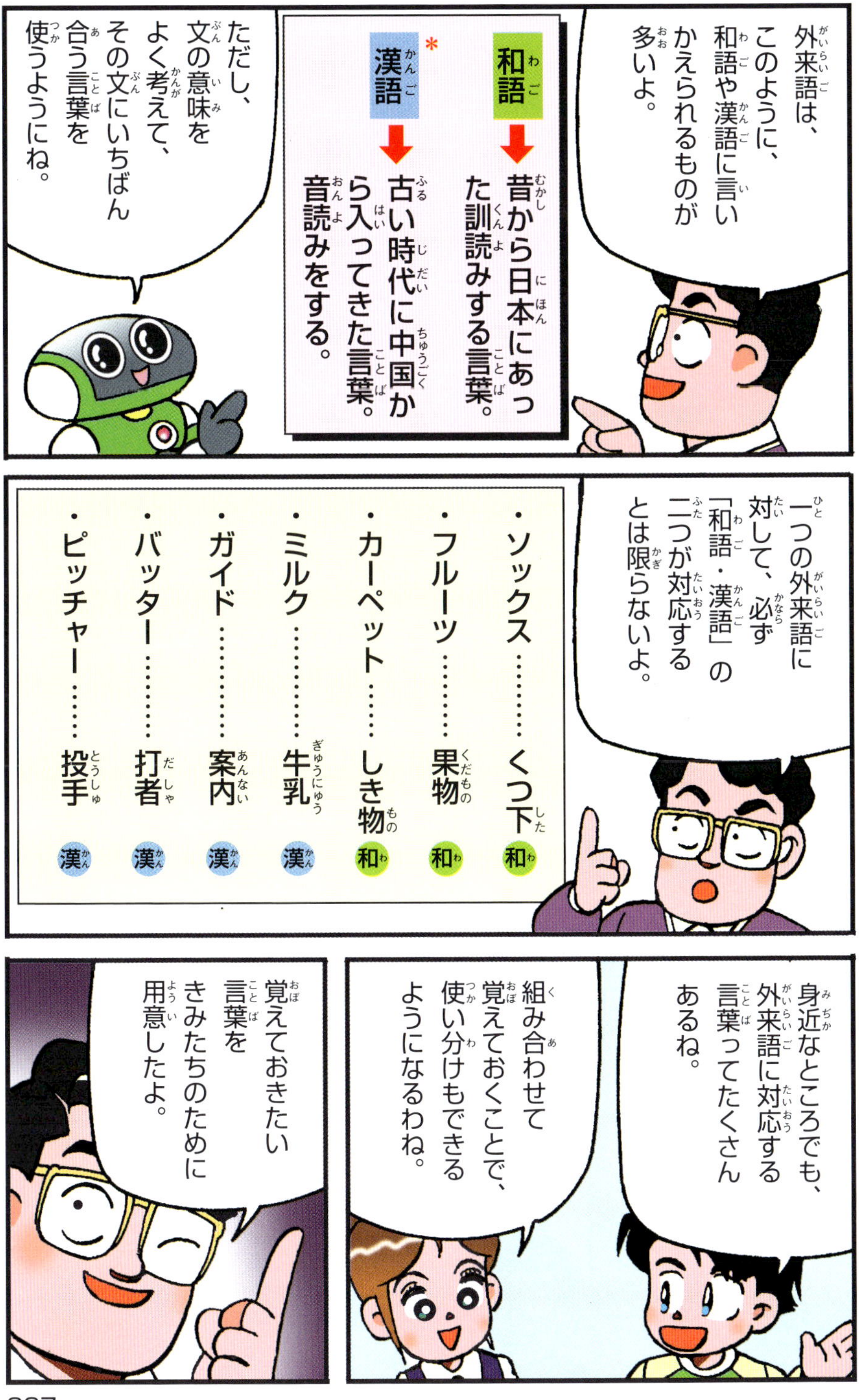
外来語《がいらいご》は、このように、和語《わご》や漢語《かんご》に言《い》いかえられるものが多《おお》いよ。
和語《わご》
↓昔《むかし》から日本《にほん》にあった訓読《くんよ》みする言葉《ことば》。
漢語《かんご》＊
↓古《ふる》い時代《じだい》に中国《ちゅうごく》から入《はい》ってきた言葉《ことば》。音読《おんよ》みをする。
ただし、文《ぶん》の意味《いみ》をよく考《かんが》えて、その文《ぶん》にいちばん合《あ》う言葉《ことば》を使《つか》うようにね。
一《ひと》つの外来語《がいらいご》に対《たい》して、必《かなら》ず「和語《わご》・漢語《かんご》」の二《ふた》つが対応《たいおう》するとは限《かぎ》らないよ。
・ソックス……くつ下《した》 和《わ》
・フルーツ……果物《くだもの》 和《わ》
・カーペット……しき物《もの》 和《わ》
・ミルク……牛乳《ぎゅうにゅう》 漢《かん》
・ガイド……案内《あんない》 漢《かん》
・バッター……打者《だしゃ》 漢《かん》
・ピッチャー……投手《とうしゅ》 漢《かん》
身近《みぢか》なところでも、外来語《がいらいご》に対応《たいおう》する言葉《ことば》ってたくさんあるね。
組《く》み合《あ》わせて覚《おぼ》えておくことで、使《つか》い分《わ》けもできるようになるわね。
覚《おぼ》えておきたい言葉《ことば》をきみたちのために用意《ようい》したよ。

＊漢語《かんご》の中《なか》には、日本《にほん》で漢字《かんじ》を組《く》み合《あ》わせて作《つく》ったものもある。

知《し》ってトク!! 外来語《がいらいご》⇔言《い》いかえ語《ご》

アクション	動作《どうさ》
アシスタント	助手《じょしゅ》
アタック	こうげき
アドバイス	助言《じょげん》・忠告《ちゅうこく》
アドレス	住所《じゅうしょ》
アマチュア	しろうと
イベント	もよおし物《もの》・行事《ぎょうじ》
イラスト	さし絵《え》
インプット	入力《にゅうりょく》
エチケット	礼《れい》ぎ・作法《さほう》
エッセー	ずい筆《ひつ》
エンゼル	天使《てんし》
オーダー	注文《ちゅうもん》
ガードマン	警備員《けいびいん》
カーペット	しき物《もの》
カラー	色《いろ》
ガレージ	車庫《しゃこ》
カレンダー	こよみ

キー	かぎ
キッチン	台所《だいどころ》
キャスト	配役《はいやく》
キャリア	経験《けいけん》
クレーム	苦情《くじょう》・もんく
グループ	仲間《なかま》
ゲスト	客《きゃく》
コンサート	演奏会《えんそうかい》
コンディション	状態《じょうたい》・調子《ちょうし》
サイン	合図《あいず》・署名《しょめい》
シーツ	しきふ
シート	座席《ざせき》
ジェスチャー	身《み》ぶり
ジョーク	じょう談《だん》
ショッピング	買《か》い物《もの》
ステッキ	つえ
スピード	速《はや》さ
スポーツ	運動《うんどう》（競技《きょうぎ》）

外来語《がいらいご》の“ふるさと”は十数《じゅうすう》か国《こく》あるけど、英語《えいご》から入《はい》ってきたものが最《もっと》も多《おお》いんだ。
そのほかには、フランス語《ご》、ドイツ語《ご》、イタリア語《ご》、オランダ語《ご》、ロシア語《ご》などです。

タイトル	題《だい》
タイム	時刻《じこく》・時間《じかん》
チャレンジ	ちょう戦《せん》
チャンス	好機《こうき》
ディスカッション	討論《とうろん》・討議《とうぎ》
ディフェンス	守《まも》り
データ	資料《しりょう》・材料《ざいりょう》
テーブル	机《つくえ》・食《しょく》たく
テーマ	主題《しゅだい》
テクニック	やり方《かた》・わざ
デコレーション	かざり
デスク	事務机《じむづくえ》
トータル	合計《ごうけい》・総計《そうけい》
ドクター	医者《いしゃ》・博士《はかせ》
トップ	一番目《いちばんめ》・先頭《せんとう》
ドライバー	ねじ回《まわ》し・（自動《じどう》車《しゃ》の）運転手《うんてんしゅ》
ドラマ	しばい・劇《げき》
ドリーム	夢《ゆめ》・空想《くうそう》
ドリンク	飲《の》み物《もの》
トレーニング	練習《れんしゅう》
ナイフ	小刀《こがたな》
ナレーター	語《かた》り手《て》
ナンバー	番号《ばんごう》
ニックネーム	あだ名《な》・愛《あい》しょう
ネーム	名《な》・呼《よ》び名《な》
バーゲンセール	安売《やすう》り・特売《とくばい》
バースデー	誕生日《たんじょうび》
ハート	心臓《しんぞう》・心《こころ》
パート	部分《ぶぶん》・役割《やくわり》
パイプ	管《くだ》
バイブル	聖書《せいしょ》
パイロット	飛行士《ひこうし》
ハウス	家《いえ》・建物《たてもの》
バクテリア	細《さい》きん
パスポート	旅券《りょけん》
パターン	型《かた》
バッグ	かばん
バラエティー	変化《へんか》
バランス	つり合《あ》い
ハンドブック	案内書《あんないしょ》
ハンドメード	手作《てづく》り
ピーク	頂点《ちょうてん》
ピース	平和《へいわ》

この二《ふた》つは、ポルトガル語《ご》から入《はい》ってきた外来語《がいらいご》よ。
たばこ
かるた
入《はい》ってきた時代《じだい》があまりにも古《ふる》く、日本語《にほんご》にすっかりとけこんだので、かたかな書《が》きをしないのがふつうなんだ。
中国《ちゅうごく》から入《はい》ってきた言葉《ことば》も、ふつうは外来語《がいらいご》とは言《い》わないよ。

ピーナツ	落花生《らっかせい》
ヒーロー	英《えい》ゆう・主人公《しゅじんこう》
ヒット	安打《あんだ》・大当《おおあ》たり
ヒップ	しり
ピリオド	終止《しゅうし》ふ
ピンチ	危機《きき》
ファミリー	家族《かぞく》・一族《いちぞく》
ファンタジー	空想《くうそう》・げん想《そう》
フィーバー	熱中《ねっちゅう》
フード	食品《しょくひん》
フェスティバル	祭《まつ》り
ブック	本《ほん》
プライド	自尊心《じそんしん》
プライベート	個人的《こじんてき》
ブラック	黒《くろ》
プラン	計画《けいかく》
ブランド	商標《しょうひょう》
ブリッジ	橋《はし》
プリンス	王子《おうじ》
プリンター	印刷機《いんさつき》
ブルー	青《あお》
プレート	板《いた》

フレーム	わく・ふち
プレゼント	おくり物《もの》
プロ	専門家《せんもんか》
（プロフェッショナル）	
プログラム	番組《ばんぐみ》
プロポーション	均整《きんせい》
プロポーズ	求婚《きゅうこん》
ペーパー	紙《かみ》
ベッド	しん台《だい》
ヘッド	頭《あたま》
ペナルティー	ばつ・ばっ金《きん》
ペンネーム	筆名《ひつめい》
ポイント	点《てん》・地点《ちてん》
ボーナス	賞与《しょうよ》
ホーム	家庭《かてい》
ポール	さお・棒《ぼう》
ボックス	箱《はこ》
ポテト	じゃがいも
マーク	しるし・記号《きごう》
マーケット	市場《しじょう》・市場《いちば》
マーチ	行進曲《こうしんきょく》
マガジン	雑誌《ざっし》

ハンバーグ
スパゲッティ
パン
オムレツ
こうした料理《りょうり》や食《た》べ物《もの》は、日本《にほん》にはなかったものなので、言《い》いかえの言葉《ことば》はないよ。
すし
外国《がいこく》で〝外来語《がいらいご》〟として使《つか》われています。

マジック	手品《てじな》・まほう
マップ	地図《ちず》
マネー	お金《かね》・金銭《きんせん》
マネージャー	支配人《しはいにん》
ミュージック	音楽《おんがく》
メカニズム	しかけ・仕組《しく》み
メッセージ	声明文《せいめいぶん》
メモリー	記《き》おく・思《おも》い出《で》
メルヘン	おとぎ話《ばなし》・童話《どうわ》
モーニング	朝《あさ》
モラル	道徳《どうとく》
ユーザー	使用者《しようしゃ》・利用者《りようしゃ》
ユニーク	独特《どくとく》・特異《とくい》
ユニホーム	制服《せいふく》
ライセンス	許可《きょか》・めんきょ
ライト	光《ひかり》・照明《しょうめい》・右《みぎ》
ライバル	競争相手《きょうそうあいて》
ライン	線《せん》
ラスト	最後《さいご》・終《お》わり
ラム	小羊《こひつじ》
ランキング	順番《じゅんばん》・順位《じゅんい》
リーダー	指導者《しどうしゃ》

リサイクル	再利用《さいりよう》
リサイタル	独唱会《どくしょうかい》・独奏会《どくそうかい》
リスク	危険《きけん》
リズム	調子《ちょうし》
リビング	居間《いま》
ルーツ	起源《きげん》・祖先《そせん》
ルーペ	虫眼鏡《むしめがね》
ルーム	部屋《へや》
レインボー	にじ
レコード	記録《きろく》
レジャー	余《よ》か
レター	手紙《てがみ》
レッスン	練習《れんしゅう》・けいこ
レッド	赤《あか》
レフェリー	しんぱん員《いん》
レフト	左《ひだり》
レベル	水準《すいじゅん》
レポート	報告書《ほうこくしょ》
ロープ	なわ・つな
ロス	むだ・損失《そんしつ》
ワイヤ	はりがね
ワイン	ぶどう酒《しゅ》

- パーソナルコンピューター→パソコン
- リモートコントロール→リモコン
- スーパーマーケット→スーパー
- レジスター→レジ
- コンビニエンスストア→コンビニ

こんばんは～！
あら、ブンボ、いそがしそうね。
ええ、おでんの準備《じゅんび》で大変《たいへん》なのです。
えっ、おでん!! ひょっとしてぼくたちも食《た》べられるの!?
二人《ふたり》とも最後《さいご》までよくがんばったからね。今日《きょう》はたっぷり食《た》べてって！
ぼくがきみたちに伝《つた》えたかったのは、このことだよ。
言葉《ことば》のきまり
豊《ゆた》かな表現力《ひょうげんりょく》
おじさんのおかげで、文《ぶん》を作《つく》るのが楽《たの》しくなりました。

＊喜色満面《きしょくまんめん》＝喜《よろこ》びの気持《きも》ちが、顔全体《かおぜんたい》に満《み》ちあふれているようす。

たしかめドリル〈6〉

（答《こた》えは239ページ）

1

次《つぎ》の（　）に当《あ》てはまる慣用句《かんようく》をア～クから選《えら》んで、（　）に記号《きごう》で答《こた》えましょう。

(1) 去年《きょねん》の優勝《ゆうしょう》チームが相手《あいて》では、とても（　）。

(2) ふみ台《だい》を作《つく》るのだといって、兄《あに》が木工《もっこう》の（　）。

(3) レストランで次々《つぎつぎ》出《だ》される料理《りょうり》に（　）。

(4) 逆転《ぎゃくてん》に次《つ》ぐ逆転《ぎゃくてん》の試合経過《しあいけいか》に（　）。

(5) 一生懸命《いっしょうけんめい》地域《ちいき》のために働《はたら》くかれの姿《すがた》には（　）。

(6) 今後《こんご》の協力《きょうりょく》をちかい、過去《かこ》のことは（　）ことにした。

(7) 父《ちち》は自治会長《じちかいちょう》をしていたので、町内会《ちょうないかい》で（　）。

(8) 野村《のむら》さんとわたしとは、どういうわけか（　）。

ア 舌《した》つづみを打《う》つ　イ 頭《あたま》が下《さ》がる

ウ 歯《は》が立《た》たない　エ 馬《うま》が合《あ》う

オ 水《みず》に流《なが》す　カ かたずをのむ

キ 顔《かお》が広《ひろ》い　ク うでをふるう

2

―線部《せんぶ》の慣用句《かんようく》の使《つか》い方《かた》が正《ただ》しいほうの文《ぶん》を選《えら》び、記号《きごう》を○で囲《かこ》みましょう。

(1)
ア 気《き》が置《お》けない人《ひと》たちと話《はな》せば、気分《きぶん》がくつろぐ。
イ 気《き》が置《お》けない人《ひと》が相手《あいて》なので、きんちょうした。

(2)
ア 子供会《こどもかい》は順調《じゅんちょう》に進行《しんこう》し、立《た》て板《いた》に水《みず》だった。
イ おばさんのしゃべり方《かた》は、まさに立《た》て板《いた》に水《みず》だ。

(3)
ア 補助金《ほじょきん》が焼《や》け石《いし》に水《みず》となって、大《おお》いに助《たす》かった。
イ その程度《ていど》の補助金《ほじょきん》をもらっても、焼《や》け石《いし》に水《みず》だ。

3

（　）に動物《どうぶつ》の名前《なまえ》を入《い》れて、ことわざを作《つく》りましょう。

(1)（　）の耳《みみ》に念仏《ねんぶつ》　(2)（　）の川流《かわなが》れ

(3) 泣《な》きっ面《つら》に（　）　(4)（　）に小判《こばん》

4

次《つぎ》のできごとや人物《じんぶつ》の様子《ようす》の説明《せつめい》に合《あ》うことわざをア〜カから選《えら》んで、（　）に記号《きごう》で答《こた》えましょう。

（1）広報課長《こうほうかちょう》のおじは、展示会《てんじかい》の会場《かいじょう》を決定《けってい》する前《まえ》にいろいろな角度《かくど》から念入《ねんい》りに検討《けんとう》するそうだ。（　）

（2）子供祭《こどもまつ》りが終《お》わって解散《かいさん》する前《まえ》に、会場《かいじょう》として借《か》りたグラウンドをみんなでそうじした。（　）

（3）読書《どくしょ》カードが十枚《じゅうまい》たまるごとに整理《せいり》して作《つく》った読《ど》書《しょ》ノートが、今《いま》では十冊《じっさつ》になった。（　）

（4）いたずらっこの弟《おとうと》は、いくら注意《ちゅうい》してもいたずらをやめない。（　）

（5）姉《あね》たちの都合《つごう》が悪《わる》くなり、コンサートのチケットが二枚余《にまいあま》ったので、母《はは》とわたしに回《まわ》ってきた。（　）

（6）初《はじ》めてほたるを見《み》た。やみにともる光《ひかり》は、聞《き》いて想像《そうぞう》していたよりずっときれいだった。（　）

ア　たなからぼたもち
イ　石橋《いしばし》をたたいてわたる
ウ　ぬかにくぎ
エ　立《た》つ鳥《とり》あとをにごさず
オ　百聞《ひゃくぶん》は一見《いっけん》にしかず
カ　ちりも積《つ》もれば山《やま》となる

5

次《つぎ》の意味《いみ》に合《あ》う四字熟語《よじじゅくご》の読《よ》みを［　］から選《えら》んで、□□□□に漢字《かんじ》で書《か》きましょう。

（1）あわてて、あっちへ行《い》ったりこっちへ行《い》ったりすること。
□□□□

（2）おたがいの気持《きも》ちが、ぴったり合《あ》うこと。
□□□□

（3）言葉《ことば》では表《あらわ》せないほどひどいこと。もってのほか。
□□□□

（4）その人《ひと》にふさわしい、仕《し》事《ごと》や地位《ちい》につけること。
□□□□

（5）ゆきづまっていた物事《ものごと》が、急《きゅう》に解決《かいけつ》に向《む》かうこと。
□□□□

（6）考《かんが》えや行《おこな》いが正《ただ》しくて、堂々《どうどう》としている様子《ようす》。
□□□□

きゅうてんちょっか
てきざいてきしょ
うおうさおう
いきとうごう
こうめいせいだい
ごんごどうだん

6

次《つぎ》の四字熟語《よじじゅくご》には、それぞれ漢字《かんじ》のまちがいが一字《いちじ》あります。その漢字《かんじ》の右《みぎ》に――を引《ひ》き、下《した》の□に正《ただ》しい書《か》き方《かた》で書《か》きましょう。

(1) 心気一転《しんきいってん》 □□□□

(2) 短刀直入《たんとうちょくにゅう》 □□□□

(3) 異句同音《いくどうおん》 □□□□

(4) 二足三文《にそくさんもん》 □□□□

(5) 絶対絶命《ぜったいぜつめい》 □□□□

7

次《つぎ》の外来語《がいらいご》の意味《いみ》をア～カから選《えら》んで、（　）に記号《きごう》で答《こた》えましょう。

(1) バランス（　）　(2) メッセージ（　）

(3) イベント（　）　(4) モラル（　）

(5) トータル（　）　(6) リサイクル（　）

ア 道徳《どうとく》　イ 声明文《せいめいぶん》　ウ 合計《ごうけい》・総計《そうけい》

エ つり合《あ》い　オ 再利用《さいりよう》　カ もよおし物《もの》

8

――線部《せんぶ》の言葉《ことば》を外来語《がいらいご》で言《い》いかえると何《なに》になりますか。ア～クから選《えら》んで、（　）に記号《きごう》で答《こた》えましょう。

(1) 眼鏡《めがね》のふちを変《か》えたら、母《はは》は若々《わかわか》しくなった。（　）

(2) ピッチャーが、無死満《むしまん》るいという危機《きき》をむかえる。（　）

(3) わらべ歌《うた》の起源《きげん》をさぐる番組《ばんぐみ》。（　）

(4) 初級《しょきゅう》のテストに合格《ごうかく》したから、今度《こんど》は中級《ちゅうきゅう》にちょう戦《せん》だ。（　）

(5) お花畑《はなばたけ》の向《む》こうにまっ白《しろ》なお城《しろ》。まるでおとぎ話《ばなし》の世界《せかい》に入《はい》りこんだようだ。（　）

(6) 作業《さぎょう》を能率的《のうりつてき》に進《すす》め、時間《じかん》のむだを防《ふせ》ぐ。（　）

(7) 通《とお》りの向《む》こう側《がわ》にいる相手《あいて》に、こちらへ来《く》るように身《み》ぶりで知《し》らせる。（　）

(8) かれは特異《とくい》な発想《はっそう》をする人《ひと》として知《し》られる。（　）

ア ピンチ　イ ユニーク　ウ チャレンジ

エ ロス　オ フレーム　カ ジェスチャー

キ ルーツ　ク メルヘン

お楽《たの》しみクイズ3

四字熟語《よじじゅくご》たし算《ざん》

①〜④の四字熟語《よじじゅくご》の□に、当《あ》てはまる漢数字《かんすうじ》を入《い》れましょう。その数字《すうじ》をたした合計《ごうけい》を下《した》の□に書《か》き、数《かず》の多《おお》い順《じゅん》に、○に①〜④の数字《すうじ》を書《か》きましょう。

①	②	③	④
□	□	□	□
東《そく》	苦《く》	人《にん》	石《せき》
□	□	□	□
文《もん》	苦《く》	色《いろ》	鳥《ちょう》
合計《ごうけい》	合計《ごうけい》	合計《ごうけい》	合計《ごうけい》
□	□	□	□

【答《こた》え】①二東三文《にそくさんもん》（5）　②四苦八苦《しくはっく》（12）　③十人十色《じゅうにんといろ》（20）　④一石二鳥《いっせきにちょう》（3）
1—③　2—②　3—①

たしかめドリルの答《こた》え

〈1〉（46～49ページ）

1 (1)ウ・キ　(2)ウ・オ・ク

2 (1)ウ　(2)ア　(3)イ

3 (1)3　(2)4　(3)5　(4)5
(5)7　(6)10　(7)13

4 (1)イ　(2)ウ　(3)ア

5 (1)父は・カメラマンだ
(2)ドラマは・おもしろい
(3)○・食べます
(4)校長先生も・参加された
(5)弟まで・笑う
(6)選手たちは・走り出した

6 (1)ウ　(2)ウ　(3)カ　(4)イ
(5)オ

7 (1)①エ　②イ　③ア　④ウ
(2)①ウ　②ア　③エ　④イ　⑤オ
(3)①エ　②イ　③オ　④ア　⑤ウ

8 (1)ア　(2)①イ　②ウ
(3)①ウ　②ア　(4)①イ　②イ
(5)①ウ　②ア　(6)①イ　②ア

〈2〉（90～93ページ）

1 (1)エ　(2)ク　(3)ア　(4)カ
(5)コ　(6)キ　(7)イ　(8)ウ
(9)ケ　(10)オ

2 (1)①か　②き　③い　④く　⑤く
⑥け　⑦け　⑧こ
(2)①かろ　②かっ　③く　④い
⑤い　⑥けれ

3 (1)①消す　②起こす　③変える
④増す
(2)①イ　②ア　③ア　④イ　⑤イ
⑥ア
(3)イ・オ・ク

4 (1)イ　(2)ア　(3)ウ　(4)オ　(5)エ
(6)イ　(7)オ　(8)エ　(9)ア　(10)ウ

5 (1)ウ　(2)ア　(3)エ　(4)イ　(5)ア
(6)ウ　(7)イ　(8)エ

6 (1)ア　(2)ウ　(3)エ　(4)イ

7 (1)①ウ　②イ　③ア　④エ
(2)①イ　②ア　③ウ
(3)①エ　②ウ　③ア　④イ

8 (1)イ　(2)ウ

〈3〉（114～115ページ）

1 (1)父が—とった・写真が—なった
(2)小鳥たちが—さえずる
(3)これは—ブローチです
妹が—作った
(4)草が—ゆれ・小川は—流れる
(5)バスが—来たのに
高橋さんが—来ない

2 (1)①わたしが　②まいた
③ヒマワリの　④種が
⑤芽を　⑥出した
(2)①あれは　②去年の　③卒業生が
④制作した　⑤ちょうこくだ

3 イ・エ

4 (1)イ　(2)エ　(3)ア　(4)オ
(5)ウ

5 ①ア・エ・カ　②ウ・オ・ク
③イ・キ

6 イ

〈4〉（158～161ページ）

1 (1)①おじさんがとった
②かべにはってある山の写真
(2)①弟が拾ってきた子ねこ
②妹がえん側でだいているねこ

2 (1)エ　(2)イ　(3)カ　(4)ア
(5)オ　(6)ウ

3 (1)ない・ウ　(2)たら・イ

(3)だろう・ア　(4)か・オ
(5)ようだ・カ　(6)でも・イ
(7)ください・エ　(8)ません・ウ

4 (1)①書いた　②書く　③書いている
(2)①行った　②行く　③行っている
(3)①受けた　②受けるだろう
③受けている

5 (1)鳥・食べられる
(2)トラック・追いこされた
(3)先生・議長・指名された

6 (1)母が、弟に窓を開けさせる。
(2)母が、わたしをおじさんの家へ行かせる。
(3)母が、ぼくに父の手伝いをさせる。

7 (1)①ぼくの好きなスポーツは、サッカーです。
②サッカーは、ぼくの好きなスポーツです。
(2)わたしは、下田先生も参加される（だろう）と思います。

8 (1)犬を連れたかわいい男の子。
(2)①ウ　②ア

9 (1)①かわいい犬を連れた、男の子。
②かわいい、犬を連れた男の子。
(2)①わたしは、急いで仕上げた作品を提出した。
②わたしは急いで、仕上げた作品を提出した。

〈5〉（190〜192ページ）

1 (1)経・径　(2)空・開
(3)復・複　(4)早・速
(5)建・健　(6)鳴・泣
(7)底・低　(8)覚・冷
(9)門・問　(10)写・移

2 (1)イ　(2)イ　(3)ア　(4)ア
(5)イ　(6)ア　(7)イ　(8)ア

3 (1)びる　(2)す　(3)く　(4)かう
(5)しい　(6)ない　(7)らか　(8)れ
(9)○　(10)わり　(11)○　(12)ちに
(13)も　(14)び

4 (1)○　(2)うでどけい
(3)こおろぎ　(4)○
(5)○　(6)おおどおり
(7)○　(8)ほうちょう

5 (1)ちぢむ　(2)みかづき　(3)はなぢ
(4)つづき　(5)てぢか　(6)すづくり

6 (1)首　(2)うかされ　(3)置い
(4)はらわた

7 (1)×　(2)○　(3)×　(4)○

8 (1)公園そうじには、竹ぼうき・ちりとり・ごみぶくろを手分けして持って行くことになっていたが、……
(2)居間でテレビを見ていたら、台所にいる姉に、「そこにある『きょうの献立百種類』っていう本、持って来てくれない?」と言われました。

〈6〉（234〜236ページ）

1 (1)ウ　(2)ク　(3)ア　(4)カ
(5)イ　(6)オ　(7)キ　(8)エ

2 (1)ア　(2)イ　(3)イ

3 (1)馬　(2)かっぱ　(3)はち　(4)ねこ

4 (1)イ　(2)エ　(3)カ　(4)ウ
(5)ア　(6)オ

5 (1)右往左往　(2)意気投合
(3)言語道断　(4)適材適所
(5)急転直下　(6)公明正大

6 (1)気・心機一転　(2)短・単刀直入
(3)句・異口同音　(4)足・二束三文
(5)対・絶体絶命

7 (1)エ　(2)イ　(3)カ　(4)ア
(5)ウ　(6)オ

8 (1)オ　(2)ア　(3)キ　(4)ウ
(5)ク　(6)エ　(7)カ　(8)イ

この本をつくった人

●監修
金田一秀穂

●装丁
長谷川由美

●表紙・カバーイラスト・扉４コマまんが
いぢちひろゆき

●執筆
菅家 祐

●構成・編集
㈱奎文館

●レイアウト・デザイン
㈱イーメディア　徳本育民
㈲リックデザイン事務所

●まんが制作
㈱イーメディア
長谷部徹

●編集制作
㈱イーメディア

●編集協力
松尾美穂

●編集統括
学研辞典編集部

小学生のまんが言葉のきまり辞典［文法・品詞・表現］　新装版

2007年12月５日　初版発行
2015年７月21日　新装版初刷発行
2023年１月24日　新装版第６刷発行
監　修　金田一秀穂
発行人　土屋　　徹
編集人　代田　雪絵
発行所　株式会社Gakken
〒141-8416 東京都品川区西五反田2-11-8
印刷所　図書印刷株式会社

●この本に関する各種お問い合わせ先
本の内容については、下記サイトのお問い合わせフォームよりお願いします。
https://www.corp-gakken.co.jp/contact/
在庫については　Tel 03-6431-1199（販売部）
不良品（落丁、乱丁）については　Tel 0570-000577
学研業務センター　〒354-0045 埼玉県入間郡三芳町上富279-1
上記以外のお問い合わせは　Tel 0570-056-710（学研グループ総合案内）